AF619762

MAISONS CENTRALES DE FORCE ET DE CORRECTION.

ANALYSE
DES
RÉPONSES DES DIRECTEURS
A UNE CIRCULAIRE MINISTÉRIELLE DU 10 MARS 1834
SUR
LES EFFETS DU RÉGIME DE CES MAISONS.

LOIS, ORDONNANCES, RÈGLEMENTS MINISTÉRIELS,
RAPPORTS AU ROI ET A LA SOCIÉTÉ ROYALE DES PRISONS; EXTRAITS DE COMPTES RENDUS AUX CHAMBRES LÉGISLATIVES.

A PARIS.
DE L'IMPRIMERIE ROYALE.

1836.

Paris, le 10 mars 1834.

MINISTÈRE
DU COMMERCE
ET DES
TRAVAUX PUBLICS.

DIRECTION
DE L'ADMINISTRATION
départementale et communale.

2e BUREAU.

MAISONS CENTRALES
DE FORCE ET DE CORRECTION.

Demande de renseignements sur les effets du régime de ces prisons.

Circulaire

Monsieur le Directeur, je tiens à constater les résultats du régime de nos prisons pour peines. Leur organisation est aujourd'hui assez ancienne pour qu'il soit possible d'en apprécier les effets sur le moral des condamnés. J'ai pensé que c'était principalement de MM. les directeurs des maisons centrales que le Gouvernement pouvait obtenir des renseignements précis et certains, reposant sur des faits nombreux longtemps observés, et non sur des idées spéculatives. Pour procéder avec ordre, je résumerai sous forme de questions les renseignements que je désire avoir.

SERVICE RELIGIEUX.

Les instructions morales et religieuses des aumôniers et pasteurs ont-elles une influence décisive et réformatrice, au moins sur un certain nombre de condamnés? Si cette influence existe, sur quel sexe agit-elle avec le plus de succès? En comparant les condamnés des villes à ceux des campagnes, quels sont, en général, ceux qui sont le plus accessibles aux sentiments religieux? Comptez-vous beaucoup de détenus qui pratiquent les devoirs de leur religion et s'occupent de la lecture de livres de piété? Sans doute vous jugerez nécessaire d'avoir sur ces diverses questions un entretien avec MM. les aumôniers de la maison que vous dirigez, sans vous laisser entraîner toutefois aux illusions de l'esprit de charité, qui accepte souvent comme des preuves d'un repentir sincère les pratiques et les protestations de l'hypocrisie.

INSTRUCTION PRIMAIRE.

Des écoles élémentaires existent maintenant dans presque toutes les maisons centrales. Les détenus témoignent-ils le désir de s'instruire? Avez-vous remarqué que ceux qui ont reçu ou reçoivent encore l'instruction élémentaire se soient amendés et tiennent une conduite plus régulière? Pensez-vous enfin que l'instruction primaire puisse contribuer à l'amélioration de quelques condamnés? combien, à ce jour, y en a-t-il dans vos écoles? combien de femmes et combien d'hommes? combien savent lire et écrire? combien savent lire seulement? combien sur ces deux derniers nombres ont appris à lire ou à écrire dans la maison?

TRAVAIL.

Tous les écrivains qui se sont occupés du régime des prisons pour peines ont supposé que le travail aurait une action essentiellement réformatrice. Lui reconnaissez-vous ce caractère? Les condamnés travaillent-ils avec ardeur, avec assiduité? Sur cent détenus, combien y en a-t-il environ qui apprennent un métier pouvant leur procurer des moyens d'existence après leur libération? Le travail leur donne-t-il, en général, des habitudes d'ordre et d'économie? De quelle manière emploient-ils leurs deniers de poche? Quelle est l'influence du pécule sur la conduite et le travail? Ceux qui reçoivent des fonds se distinguent-ils habituellement par quelque disposition particulière de ceux qui n'ont point d'autres ressources que leur travail? Le silence est-il prescrit et observé dans les ateliers? Le travail en commun favorise-t-il la corruption des détenus? Les ateliers de six, huit, dix ouvriers, vous paraîtraient-ils préférables aux grands ateliers? Toutes ces questions ont une haute portée, et méritent toute votre attention ainsi que celle de l'inspecteur, que vous devez vous associer pour les examiner et les résoudre. Si votre expérience vous avait suggéré des vues propres à donner un caractère plus essentiellement moral au travail des prisonniers, ne craignez pas de me les faire connaître avec les plus grands détails.

DORTOIRS.

Quoique chaque condamné ait son lit particulier, on reproche aux dortoirs communs de favoriser des relations immorales et vicieuses, de les rendre en quelque sorte inévitables. Jusqu'à quel point ce reproche est-il fondé? Avez-vous remarqué qu'il se passât plus de désordres dans les grands dortoirs que dans ceux qui ne reçoivent qu'un petit nombre de détenus, huit ou dix, par exemple? La corruption des mœurs est-elle plus fréquente parmi les condamnés des villes que parmi les autres, parmi les hommes que parmi les femmes? Pensez-vous que l'établissement de cellules pour le coucher rendît la corruption moins grande, et fût une amélioration réelle, importante, alors que les réunions dans les ateliers, les réfectoires et les préaux seraient maintenues? Des mesures ont-elles été prises pour séparer, pendant la nuit, les hommes et les femmes évidemment corrompus ou dangereux des autres condamnés? Quelles sont ces mesures? Ne m'épargnez non plus aucun détail sur cet objet important.

PUNITIONS.

Plusieurs maisons centrales ont des quartiers dits de *punition,* où sont relégués, pendant le jour comme pendant la nuit, les individus les plus corrompus ou les plus indisciplinés, notamment les condamnés en état de récidive. Il a été établi des cellules solitaires dans quelques-unes; toutes ont des cachots.

S'il existe un quartier de punition dans votre maison, vous aurez à me faire connaître le régime spécial auquel les détenus y sont assujettis; s'il sert efficacement, sinon à corriger, au moins à inspirer une crainte salutaire; enfin si, depuis qu'il est établi, il y a plus d'ordre et de décence dans l'établissement.

L'effet de la reclusion solitaire, avec ou sans travail, doit aussi m'être signalé. La considérez-vous comme moyen de *correction,* ou bien seulement comme moyen de *répression* et d'*intimidation?* Autant que possible, citez des faits à l'appui de votre opinion.

Quant aux cachots, je demande : 1° si les détenus y sont toujours renfermés seuls; 2° s'ils ont la facilité de se parler; 3° si on leur met les fers aux pieds et aux mains, et dans quel cas; 4° s'ils craignent cette sorte de punition. Je vous prie, à cette occasion, de m'adresser le règlement de la maison.

Je désire que vous me fassiez connaître aussi quelles sont les infractions que vous avez habituellement à réprimer; si c'est le vol, l'insubordination, le refus de travailler, etc., etc. Il ne sera pas non plus sans intérêt que vous recherchiez si, toute proportion numérique gardée, les prisonniers qui savent lire se font plus fréquemment ou plus rarement punir que les détenus entièrement illettrés; s'il existe une différence essentielle entre la conduite des *criminels* et celle des *correctionnels;* si les uns sont plus laborieux, plus soumis, et ont de meilleures mœurs que les autres; s'il est vrai que leur réunion dans les ateliers, dans les préaux, dans les réfectoires, et dans toutes les autres localités qui sont encore communes aux criminels et aux correctionnels dans la plupart des maisons, ait des inconvénients graves sous le rapport de l'ordre et des mœurs. J'appelle principalement votre attention sur cette dernière question.

CONDAMNÉS EN RÉCIDIVE.

Le nombre des condamnés en état de récidive suit une progression ascendante depuis plusieurs années; il est donc essentiel d'en rechercher les causes. Il vous appartient, Monsieur le Directeur, d'éclairer l'administration sur celles de ces causes qui peuvent être attribuées au régime de nos prisons.

Le régime actuel, avec ses dortoirs et ses ateliers communs, ses moyens de punition, avec une répartition unique des produits du travail, sans acception de la nature des peines ni de la moralité des condamnés, avec les mêmes vivres, le même coucher, en un mot avec les mêmes avantages pour tous; ce régime vous paraît-il suffisamment *répressif* pour les condamnés en récidive et les criminels des divers degrés? Il vous arrive fréquemment de voir rentrer dans la maison des individus qui en avaient été libérés une ou plusieurs fois. Quelles différences caractéristiques avez-vous remarquées dans leur conduite pendant la durée des dernières condamnations? Quel effet produit d'abord sur eux leur réintégration dans l'établissement? Avec quels condamnés se lient-ils de préférence? Sont-ils plus ou moins laborieux que les autres? Quelle est leur influence? Quelles sont leurs mœurs et leurs habitudes particulières? Y a-t-il des indices que, dans la prison, il se soit formé des liaisons entre détenus qui ne se connaissaient pas avant la condamnation, pour s'aider dans de nouveaux vols? Les récidives sont-elles plus nombreuses parmi les condamnés des villes que parmi les condamnés des campagnes, parmi ceux qui ne savent ni lire ni écrire que parmi ceux qui ont reçu l'instruction élémentaire? La quotité des masses de réserve a-t-elle quelque rapport avec la fréquence des récidives? Ce sont encore là, Monsieur le Directeur, des questions dont vous apprécierez aisément toute l'étendue, toute la gravité. Le Gouvernement se propose d'organiser, soit des quartiers, soit des maisons spéciales, pour les condamnés en état de récidive. Vos avis et ceux de vos collègues l'éclaireront sur les meilleures dispositions à prendre pour cette organisation, qui semble devenir chaque jour plus urgente.

SECOURS.

J'ai déjà demandé quelle était l'influence du pécule sur la conduite et le travail. Connaît-on bien l'origine des secours envoyés aux condamnés? Y a-t-il présomption que des complices libres en fournissent à leurs associés?

CONDAMNÉS LIBÉRÉS.

Votre action sur les condamnés cesse sans doute dès qu'ils sont mis en liberté. J'ai pensé néanmoins qu'il vous serait possible de me donner également des renseignements sur les habitudes générales des libérés. La correspondance et les confidences de la prison doivent vous avoir appris des faits précieux à recueillir.

Vous savez que la loi du 28 juin 1832 a modifié la législation sur la surveillance de la haute police. Avez-vous été à même d'observer quel a été l'effet du nouveau mode de surveillance sur les détenus? Savez-vous si des condamnés libérés n'auraient pas abusé de la plus grande latitude qu'ils ont aujourd'hui pour fixer leur résidence; si notamment ils n'y auraient pas cherché les moyens d'échapper à la mesure qui prescrit l'envoi à leur domicile de la plus grande partie de leurs masses de réserve? Pensez-vous que la nouvelle législation sur la surveillance des condamnés libérés puisse contribuer à diminuer le nombre des récidives?

Le travail que je vous demande, Monsieur le Directeur, est d'une haute importance; mais j'ai l'assurance qu'il ne sera au-dessus ni de votre zèle ni de vos lumières. Attachez-vous, je vous prie, à répondre exactement à toutes mes questions, et dans l'ordre où je les ai classées. Prenez d'ailleurs tout le temps nécessaire pour vous former une opinion bien arrêtée sur toutes; je verrais néanmoins avec plaisir qu'il vous fût possible de me transmettre votre travail dans le cours du mois de mai au plus tard.

Recevez, Monsieur le Directeur, l'assurance de ma considération distinguée.

Le Ministre du commerce et des travaux publics,

Signé A. THIERS.

TABLEAU des Maisons

DÉSIGNATION des MAISONS.	DÉPARTEMENTS où elles sont situées.	DATE de LEUR CRÉATION.	DÉPARTEMENTS COMPOSANT LEUR CIRCONSCRIPTION.
BEAULIEU..........	Calvados........	2 avril 1817.....	[*Hommes et Femmes.*] Calvados, Orne. [*F.*] Manche................
CADILLAC..........	Gironde.........	24 juin 1813.....	[*F.*] Ariége, Garonne (Haute), Gers, Gironde, Landes, Lot, Lot-et-Garonne, Pyrénées (Basses), Pyrénées (Hautes), Tarn-et-Garonne, partie de la Charente.
CLAIRVAUX.........	Aube...........	2 janvier 1811....	[*H. et F.*] Aube, Ardennes, Côte-d'Or, Marne, Marne (Haute), Meuse, Yonne. [*H.*] Meurthe, partie du Doubs, du Jura, de la Moselle, de la Nièvre, de Saône-et-Loire. [*F.*] Partie de l'Ain et du Jura.
CLERMONT..........	Oise...........	21 juin 1826.....	[*F.*] Aisne, Oise, Seine, Seine-et-Marne, Seine-et-Oise...............
EMBRUN............	Alpes (Hautes)...	21 vendém. an XIII.	[*H.*] Alpes (Hautes), Alpes (Basses), Drôme, Isère, Var, Vaucluse, partie de l'Ain et du Rhône.
ENSISHEIM.........	Rhin (Haut).....	23 février 1811...	[*H.*] Rhin (Bas), Rhin (Haut), Saône (Haute), Vosges, partie du Doubs et de la Moselle.
EYSSES............	Lot-et-Garonne...	16 fructidor an XI.	[*H.*] Ariége, Cantal, Garonne (Haute), Gers, Gironde, Landes, Lot, Lot-et-Garonne, Pyrénées (Hautes), Pyrénées (Basses), Tarn-et-Garonne, partie de l'Aveyron.
FONTEVRAULT.......	Maine-et-Loire...	26 vendém. an XIII.	[*H. et F.*] Indre-et-Loire, Loir-et-Cher, Loire-Inférieure, Maine-et-Loire, Mayenne, Sarthe, Sèvres (Deux), Vendée, Vienne. [*H.*] Partie de l'Indre. [*F.*] Loiret.
GAILLON...........	Eure...........	3 janvier 1812....	[*H. et F.*] Eure, Eure-et-Loir, Loire-Inférieure....................
HAGUENAU..........	Rhin (Bas)......	Mai 1823.......	[*F.*] Doubs, Meurthe, Moselle, Rhin (Bas), Rhin (Haut), Saône (Haute), Vosges.
LIMOGES...........	Vienne (Haute)..	8 décembre 1810..	[*H. et F.*] Charente-Inférieure, Cher, Corrèze, Creuse, Dordogne, Vienne (Haute). [*H.*] Charente, partie de l'Indre. [*F.*] Allier, Indre, Puy-de-Dôme, partie de la Charente.
LOOS..............	Nord...........	6 août 1817......	[*H. et F.*] Nord, Pas-de-Calais, Somme. [*H.*] Aisne.................
MELUN.............	Seine-et-Marne...	21 août 1811....	[*H.*] Loiret, Seine-et-Marne, l'Oise, partie de la Seine et de Seine-et-Oise.
MONTPELLIER.......	Hérault.........	23 fructid. an XIII.	[*F.*] Alpes (Hautes), Alpes (Basses), Ardèche, Aude, Aveyron, Bouches-du-Rhône, Cantal, Corse, Drôme, Gard, Hérault, Isère, Loire, Loire (Haute), Lozère, Pyrénées-Orientales, Rhône, Tarn, Var, Vaucluse.
MONT-St-MICHEL.....	Manche.........	2 avril 1817.....	[*H.*] Manche, partie des Côtes-du-Nord, Finistère, Ille-et-Vilaine, Morbihan.
NÎMES.............	Gard...........	30 mars 1820....	[*H.*] Ardèche, Aude, Bouches-du-Rhône, Corse, Gard, Hérault, Loire (Haute), Loire, Lozère, Pyrénées-Orientales, Tarn, partie de l'Aveyron.
POISSY............	Seine-et-Oise.....	3 octobre 1822...	[*H.*] Partie de la Seine et de Seine-et-Oise.........................
RENNES............	Ille-et-Vilaine....	4 mai 1809......	[*H.*] Partie des Côtes-du-Nord, Finistère, Ille-et-Vilaine, Morbihan. [*F.*] Côtes-du-Nord, Finistère, Ille-et-Vilaine, Morbihan.
RIOM..............	Puy-de-Dôme.....	16 juin 1808.....	[*H.*] Allier, Puy-de-Dôme, partie de l'Ain, Jura, Nièvre, Rhône, Saône-et-Loire.

centrales de détention.

POPULATION AU 1er JANVIER 1836.				NOMS DES DIRECTEURS.	ANNÉE de LEUR ENTRÉE dans l'administration
Hommes.	Femmes.	Enfants.	TOTAL.		
425	252	56	733	Diey ✠	1814
"	208	2	210	Maydieu	1813
1,326	376	90	1,792	Salaville	1820
"	476	3	479	Rolland-Boulland	1818
751	"	"	751	[illegible]	1830
827	"	"	827	Bavelaer	1812
1,097	"	14	1,111	Issartier	1830
1,111	292	60	1,463	Bouvier ✠	1816
638	313	59	1,010	Durand ✠	1817
"	509	"	509	Brunel ✠	1830
591	206	17	814	Destiveaux	1816
793	307	62	1,162	Marquet-Vasselot ✠	1815
1,071	"	"	1,071	Corderant-Chatillon	1819
"	398	11	409	Carrière	1830
532	"	"	532	Martin Deslandes ✠	1823
1,144	"	23	1,167	Ratyé	1831
681	"	"	681	De Larochette	1831
268	287	12	567	Binet	1830
580	"	2	582	Perier de la Hitole	1831
11,835	3,624	411	15,870		

PREMIÈRE PARTIE.

ANALYSE DES RÉPONSES DES DIRECTEURS.

CHAPITRE Ier. — *SERVICE RELIGIEUX.*

1re QUESTION.

Les instructions morales et religieuses des Aumôniers et Pasteurs ont-elles une influence décisive et réformatrice, au moins sur un certain nombre de condamnés?

Beaulieu. — Il ne saurait préciser quelle influence la religion pourrait avoir sur la réforme des condamnés, car il n'a pas encore rencontré d'aumônier qui fût à la hauteur de sa mission. Quelques-uns, pour ne l'avoir pas comprise, ont même fait plus de mal que de bien.

Cadillac. — La religion agit efficacement sur un grand nombre de femmes, lorsque surtout l'aumônier a su leur inspirer de la confiance.

Clairvaux. — L'aumônier est persuadé que ses instructions ont une influence décisive et réformatrice sur un certain nombre de condamnés. Le directeur pense que presque tous ceux qui pratiquent les devoirs religieux ont pour but unique d'obtenir la recommandation de l'aumônier lors de la formation des tableaux de grâces.

Clermont (Oise). — La pratique des devoirs religieux n'a lieu généralement que dans les cas de maladies graves.

Embrun. — La religion n'a pas sur le moral des détenus l'influence qu'il paraît qu'on en devrait espérer ; mais aussi les aumôniers des prisons à la hauteur de leur saint ministère sont bien rares. Peut-être est-ce à la disproportion entre la difficulté de la tâche et les moyens employés qu'il faut attribuer le peu de succès dont nous avons à nous plaindre.

Ensisheim. — A quelques émotions passagères près, obtenues par des ecclésiastiques hommes de talent, le service religieux est peu efficace. On assiste aux offices avec la décence rigoureusement prescrite par le règlement, et peu après on se livre dans ses conversations à ses habitudes du vice.

Eysses. — Les instructions morales et religieuses ont peu d'influence sur la réforme des condamnés; les sentiments religieux sont éteints chez eux. Toutefois je suis convaincu que l'influence religieuse produirait d'heureuses réformes si elle était dirigée par des aumôniers éclairés, pénétrés de leurs devoirs et zélés dans leur ministère. La tolérance, la douceur évangélique, et surtout la persévérance, sont indispensables pour réformer la population des prisons.

Fontevrault. — Du choix d'un aumônier zélé, dévoué, vigilant, capable, pourraient résulter des avantages inappréciables.

Gaillon. — On ne peut pas dire que tous les prisonniers qui assistent aux instructions religieuses soient entièrement corrigés, mais on peut affirmer, en ce qui concerne cette maison, que ceux qui suivent avec assiduité et persévérance ces instructions se conduisent bien mieux que les autres. Quelques-uns sont hypocrites, mais beaucoup sont de bonne foi.

Haguenau. — Oui. Des ennemies se sont réconciliées à la suite d'un sermon sur les injures, d'autres ont restitué des objets volés. Des filles détenues avec leur mère ont donné l'exemple de l'amour filial : lorsqu'elles étaient malades et à l'infirmerie, elles se sont privées de tout ce dont elles pouvaient disposer pour les soulager. Plusieurs, depuis qu'elles ont été instruites dans la religion, ont mené une vie plus régulière.

Limoges.—Nul doute que les instructions morales et religieuses n'exercent beaucoup d'influence sur un grand nombre de détenus; mais, sans pouvoir affirmer que cette influence soit totalement décisive et réformatrice, elle est bien plus grande à mesure que l'aumônier, se pénétrant de l'esprit de sa mission, la remplit d'une manière convenable. Les détenus qui pratiquent et respectent leur religion tiennent dans la maison, sauf quelques exceptions assez rares, une conduite beaucoup plus régulière que les autres.

Loos. — L'instruction religieuse peut exercer une influence *réformatrice* sur beaucoup de prisonniers, et *décisive* sur un petit nombre; mais elle ne le peut qu'aux deux conditions suivantes :

1° Que l'instruction religieuse et l'instruction morale seront *simultanément* mais *séparément* données;

2° Que les aumôniers des prisons auront de la tolérance, et les employés de la prison de la religion.

Melun. — Généralement les instructions religieuses n'ont aucune influence sur les détenus : tout au moment présent, l'avenir ne les tourmente pas. Si quelques-uns cependant ont paru en profiter plus que les autres, c'est qu'ils ont pensé que ce pouvait être un moyen d'obtenir quelques faveurs de l'aumônier ou de l'administration de la maison. Mais une fois libres, leur retour à leurs premières habitudes, leur rentrée dans la maison ou dans une autre, ont bientôt prouvé que la morale religieuse ne pouvait rien sur des âmes qui ne l'avaient toujours regardée que comme un frein gênant.

Montpellier. — Les détenues sont généralement sans instruction et hors d'état de profiter des leçons morales de l'aumônier : elles pratiquent machinalement les actes de la religion et sans en comprendre la portée. Aussi est-il rare de voir opérer des réformes par l'influence des instructions religieuses.

En général, les démonstrations de religion que font les détenues sont hypocrites et intéressées; elles ont pour but d'obtenir une part dans les dons de l'aumônier.

Mont-Saint-Michel. — Les instructions morales et religieuses des aumôniers ont une influence non douteuse sur un certain nombre de prisonniere. Quelques exemples frappants pourraient être cités, mais ils sont fort rares. Au surplus, le nombre des réformes produites chez les condamnés par suite de l'influence morale et religieuse des aumôniers doit varier beaucoup, suivant les provinces et les lieux où ces observations auront été faites.

Nîmes. — Les instructions des aumôniers et pasteurs ne peuvent qu'avoir une grande influence pour la réforme d'un grand nombre de condamnés.

Poissy. — L'instruction morale et religieuse n'est donnée que depuis très-peu de temps, en ce sens que ce n'est que depuis peu de temps qu'un aumônier interne a été attaché à l'établissement; précédemment le service religieux se faisait par le curé de la paroisse.

Rennes. — Les instructions morales des aumôniers, mais surtout les pratiques religieuses, ont une assez grande influence sur la population. Un grand nombre de détenus se confessent, beaucoup approchent des sacrements. La population bretonne est généralement très-religieuse, et, quoique ayant commis des fautes graves contre la morale et la religion, les détenus en pratiquent avec zèle les devoirs extérieurs. Cette pratique religieuse, même chez les hypocrites, contribue à la tranquillité de la maison.

Riom. — Les instructions morales et religieuses n'ont point une influence décisive et réformatrice sur les détenus; mais un aumônier qui serait à la hauteur de ses fonctions, qui à la pratique du culte joindrait de fréquentes exhortations, parlerait constamment aux détenus de leurs devoirs, s'identifierait en quelque sorte avec eux, chercherait enfin à pénétrer dans leur cœur et à l'émouvoir, celui-là, s'il persévérait dans sa noble mission, pourrait empêcher que leur caractère ne se dégradât et ne devînt chaque jour plus vicieux. Mais la religion telle qu'elle est pratiquée dans la maison centrale est impuissante à la réforme morale des condamnés, qui ne la voient que comme un simple objet de cérémonie.

2e QUESTION.

Si l'influence des instructions morales et religieuses existe, sur quel sexe agit-elle avec le plus de succès?

Beaulieu. — En prison, comme dans la société, les femmes s'occupent plus que les hommes des pratiques de la religion.

Clairvaux. — Sur les femmes : pour celles-ci, environ 17 sur 100; pour les hommes, 6 sur 100.

Fontevrault. — Les femmes sont en général plus pieuses.

Gaillon. — L'influence, que l'on ne peut méconnaître, de la religion sur la réforme des condamnés se fait bien plus remarquer chez les femmes que chez les hommes.

Limoges. — Les effets de l'influence religieuse sont plus fréquents et plus nombreux chez les femmes, mais aussi beaucoup moins durables.

Loos. — En prison, la religion sera plus *réformatrice* chez les femmes et plus *décisive* chez les hommes; mais une fois rendus tous à la liberté, cette même influence changera de caractère; elle sera plus réformatrice pour les hommes et plus décisive pour les femmes : c'est que, rendus au monde, les hommes y croiront et y prieront comme tous les autres hommes y croient et y prient, c'est-à-dire fort peu, et que les femmes, y retrouvant plus de croyance et de piété, se perpétueront plus constamment dans les principes religieux qu'elles auront adoptés en prison.

Melun. — Les femmes se livrent avec plus de zèle que les hommes aux pratiques de la religion et en remplissent plus exactement les obligations; mais du reste leur conduite comme détenues n'en est pas meilleure, et elles ne sortent pas plus corrigées de la maison qu'elles n'y sont entrées.

Mont-Saint-Michel. — Les femmes condamnées correctionnellement proviennent, en majeure partie, des grandes villes. Ce sont des filles perdues, chez lesquelles il n'est resté aucun souvenir religieux. Sur celles-là, les exhortations des aumôniers produisent rarement des retours vrais et durables; car, en sortant de prison, elles se livrent ordinairement avec une nouvelle ardeur à la débauche et quelquefois au crime.

Rennes. — L'influence religieuse agit davantage sur les femmes : cependant les aumôniers et l'administration ont remarqué qu'il y avait plus de sincérité chez les hommes que chez les femmes dans l'accomplissement de leurs devoirs religieux.

3e QUESTION.

En comparant les condamnés des villes à ceux des campagnes, quels sont, en général, ceux qui sont le plus accessibles aux sentiments religieux?

Beaulieu. — Ceux des campagnes. Quelque mauvaise qu'ait été leur éducation, ils ont été plus assidus aux exercices du culte que les condamnés des villes, et ils y reviennent plus facilement.

Cadillac. — Les femmes de la campagne, et qui ne sont pas en état de récidive. Celles des villes sont ordinairement d'anciennes filles publiques; elles sont rarement accessibles aux sentiments religieux : les premières ont ordinairement à subir de longues peines; les autres sont généralement frappées de simples peines correctionnelles et de courte durée.

Clairvaux. — Les condamnés des campagnes.

Clermont (Oise). — Les détenues des campagnes sont en trop petit nombre dans la maison, comparativement à celles des villes, pour pouvoir répondre à cette question.

Embrun. — Les condamnés des campagnes l'emportent sans contredit sur ceux des villes par les sentiments religieux. Assister à la messe est ici d'obligation. Il est permis de ne pas aller aux vêpres : aussi cette partie du service n'est-elle guère suivie que par quelques détenus de la première catégorie.

Ensisheim. — Il est impossible d'établir ici une distinction entre les hommes de la ville et ceux de la campagne. Beaucoup de détenus étant jugés sous de faux noms et sous une fausse indication de patrie, en voulant établir des classes on ne fait que s'égarer.

Eysses. — Les sentiments religieux ont moins d'empire sur les condamnés des villes; ils sont généralement plus pervertis et sourds à la voix de la religion : *ils corrompent ceux des campagnes.*

Fontevrault. — Si quelques détenus sont accessibles aux sentiments religieux, si quelques-uns d'entre eux sont susceptibles d'un retour sincère à des principes d'honneur, c'est bien véritablement parmi les simples habitants des campagnes qu'on les rencontre : il peut y avoir quelques exceptions, mais si rares qu'elles ne sauraient être comptées. Les mauvais sujets des villes, ceux de la capitale surtout, qui se livrent au vol, sont toujours des débauchés, des fainéants : ils seront toujours pervers et voleurs. S'ils feignent quelques sentiments religieux, ce n'est que par calcul, par hypocrisie.

Gaillon. — Il n'y a pas de comparaison entre les condamnés qui ont habité les villes et ceux qui viennent de la campagne : ces derniers sont bien moins pervertis et plus susceptibles d'amendement; presque tous ont reçu dans leur enfance une instruction religieuse; ils ne trouvent ni nouveau ni étrange qu'on cherche à la leur rappeler.

Haguenau. — Les condamnées de la campagne, dans les deux religions catholique et protestante, sont en général plus accessibles aux sentiments religieux que celles des villes; elles ont les mœurs moins corrompues, et ont presque toutes reçu les premiers principes de l'instruction religieuse, ce qui manque à plusieurs de la ville.

Limoges. — Les condamnés des villes, et ceux principalement qui appartiennent à cette classe connue dans les prisons sous la dénomination de *voyageurs*, sont beaucoup plus irréligieux, beaucoup moins attentifs à la parole du prêtre que ceux des campagnes.

Loos. — Il n'est pas douteux que l'éducation religieuse ait plus de racines et plus de culture dans le cœur des habitants de la campagne que dans celui des habitants des villes : aussi son influence forme-t-elle partout, en prison, une ligne fortement tracée entre les premiers et les seconds. On peut également en trouver une preuve dans la position topographique de diverses prisons de la France. Là où la population de ces prisons se recrute dans les départements purement agricoles, la religion exerce plus d'influence sur les condamnés; là où elle se recrute dans les départements purement manufacturiers, cette même influence y est presque nulle.

Melun. — Les habitants des campagnes ont plus de sentiments religieux que les autres condamnés.

Montpellier. — Sur 430 détenues, il y a 139 condamnées des villes et 291 des campagnes; en général celles-ci sont plus hypocrites, celles des villes seraient plus franches : mais les unes et les autres sont également ignorantes et indévotes. Celles des villes sont plus rusées, plus astucieuses; elles tromperaient plus aisément la surveillance des gardiens; les paysannes seraient plus habiles à tromper l'aumônier.

Mont-Saint-Michel. — Une classe moins corrompue et plus intéressante, et que la loi a frappée avec plus de rigueur, est celle des campagnards que les cours d'assises ont condamnés à la reclusion pour des vols de grains, d'abeilles, de bestiaux, et souvent pour des faits peu graves. Chez eux, tout sentiment religieux n'est pas encore éteint; ils écoutent les instructions des pasteurs avec docilité, et il n'est pas très-rare d'en voir, par suite de ces instructions, d'assez raffermis dans la voie du bien pour qu'il n'y ait plus à craindre de chute pour eux.

Nîmes. — Les condamnés des campagnes sont plus susceptibles d'amendement.

Rennes. — Les condamnés des campagnes sont sans contredit plus accessibles aux sentiments religieux que ceux des villes : chez ces derniers, plusieurs pratiquent les devoirs de la religion par hypocrisie.

Riom. — Les condamnés des campagnes semblent plus accessibles aux sentiments religieux que ceux des villes; mais quoique le cœur des premiers paraisse plus disposé à recevoir des émotions capables de les ramener au bien, ils reviennent rarement à des sentiments meilleurs. Est-ce la corruption des condamnés des villes qui les gagne ?

4e QUESTION.

Comptez-vous beaucoup de détenus qui pratiquent les devoirs de leur religion et s'occupent de la lecture des livres de piété?

Beaulieu. — Peu; encore la plupart ne remplissent-ils les devoirs religieux que par hypocrisie et dans l'espoir d'obtenir des faveurs.

Cadillac. — On a vu dans certaines occasions le tiers des femmes s'approcher des sacrements.

Clairvaux. — On en comptait à Clairvaux 148 sur 1643. La moitié se conduisait habituellement bien; l'autre moitié était reprochable à divers titres. Comment pourrait-on espérer raisonnablement d'inculquer des croyances salutaires à des hommes dépravés, en présence d'un septicisme qui se prend à tout?

Clermont (Oise). — On peut évaluer au cinquième de la population celles des détenues qui, dans les moments libres, se livrent à la lecture des livres de piété.

Embrun. — Le nombre de ceux qui s'approchent des sacrements est excessivement restreint : il a été cette année de 12 ou 15.
On ne lit pas beaucoup de livres de piété : nos dévots en général ne savent pas lire.

Eysses. — Dans ce moment, 20 condamnés seulement pratiquent les devoirs religieux. Le Nouveau Testament de Sacy et quelques brochures morales, répandues dans la maison au nombre de cent exemplaires, sont lus par un nombre à peu près égal de détenus.

Fontevrault. — Les détenus font remarquer peu de dispositions religieuses. Le nombre de ceux qui s'approchent des sacrements est très-petit.

Gaillon. — Chez les femmes, il faut en compter au moins un tiers qui pratiquent leurs devoirs de religion; chez les hommes, ce n'est guère plus du cinquième. On entend ici par la pratique des devoirs religieux la fréquentation des sacrements.

Haguenau. — Sur environ 550 détenues catholiques, il n'y en a annuellement que 200 qui font leur dévotion pascale; mais toutes demandent les secours et les consolations de la religion dans leurs maladies.

40 détenues environ professent la religion protestante : le pasteur est assez satisfait du zèle qu'elles mettent à entendre ses instructions.

Une vingtaine de livres de piété en langue française sont en circulation, outre les livres des offices dont le plus grand nombre est pourvu, surtout parmi les Allemandes.

Limoges. — Le nombre de ceux qui pratiquent leurs devoirs religieux varie presque tous les ans. Ce nombre est à peu près de moitié chez les femmes et du quart chez les hommes. Très-peu, dans l'un comme dans l'autre sexe, s'occupent de la lecture des livres de piété. Il en a été distribué plusieurs fois dans l'établissement, mais toujours infructueusement.

Loos. — Du 3 mars 1833, époque de l'installation du nouvel aumônier, jusqu'au 31 décembre de la même année, il y a eu, sur une population de 1933 individus, savoir:

Au quartier des hommes, 250 confessions et 118 communiants;

Au quartier des femmes, 213 confessions et 132 communiantes.

111 détenus de l'un et de l'autre sexe sont morts après avoir reçu les sacrements; 12 sont décédés sans avoir eu le temps de le recevoir, mais *aucun* ne s'y refuse.

Peu de prisonniers se livrent à la lecture d'ouvrages de piété, parce que fort peu savent lire.

Melun. — A peu près, chaque année, une douzaine de détenus s'approchent des sacrements; ce sont presque tous des condamnés des campagnes ou des vieillards. Une vingtaine au plus lisent quelques livres de piété, et notamment depuis que quelques condamnés des départements de l'Ouest ont été envoyés accidentellement à Melun.

Si les détenus profitent peu ou pas du tout des exhortations et des instructions de l'aumônier, quand ils sont en bonne santé, il n'en est pas de même quand ils se sentent dangereusement malades : peu refusent alors les secours de la religion, presque tous les demandent.

Montpellier. — Sur 430 détenues, 145 ont fait leurs pâques, et l'octave n'était pas finie que des peines de discipline avaient été infligées à 14 d'entre elles. L'aumônier a engagé le petit nombre des détenues qui savent lire à s'occuper de la lecture des livres de piété : cette tentative n'a pas réussi.

Mont-Saint-Michel. — Un certain nombre de détenus pratiquent les devoirs de leur religion et s'occupent de la lecture des livres de piété; c'est surtout chez les femmes qu'on remarque ce fait, qui du reste n'a rien de concluant.

Nîmes. — Le règlement impose à tous les détenus l'obligation d'assister aux offices divins On peut évaluer qu'une moitié y arrive par conviction, l'autre moitié par obéissance. La dixième partie de la population accomplit avec ferveur tous les devoirs de son culte. Il est peu de détenus qui, au lit de mort, ne réclament les secours spirituels.

Rennes. — La moitié des détenus, au moins, pratiquent les devoirs de la religion et s'occupent de la lecture des livres de piété. Tous vont à la messe et à vêpres les dimanches et les grandes fêtes.

Riom. — Un très-petit nombre de détenus pratiquent les devoirs de leur religion et s'occupent de la lecture des livres de piété. La plupart n'agissent pas par conviction; ils s'étudient seulement à cacher sous le manteau de l'hypocrisie leur perversité, afin d'obtenir dans la maison quelque légère faveur et d'être portés sur le tableau des grâces.

CHAPITRE II. — *INSTRUCTION PRIMAIRE.*

1re QUESTION.

Les détenus témoignent-ils le désir de s'instruire?

Beaulieu. — Tous ceux qui sont admis à l'école témoignent un grand désir de s'instruire; ils l'expriment par leur docilité et leur application.

Cadillac. — L'école n'existe que depuis huit mois (mai 1834).

Clairvaux. — Oui; ce désir est beaucoup plus marqué chez les hommes que chez les femmes.

Embrun. — Il n'y a pas d'enseignement élémentaire pour les adultes : des ordres ont été donnés pour l'y organiser.

Eysses. — Il existe une école élémentaire dans la maison. Un grand nombre de condamnés désirent y être admis; mais j'ai fait de l'admission à l'école un sujet de récompense pour les hommes d'un certain âge : les enfants y sont admis de droit.

Fontevrault. — L'école des adultes est organisée depuis peu de temps pour les hommes (mai 1834) : celle des femmes va l'être. Les listes que j'ai fait dresser des détenus qui demandent leur admission à l'école comprennent 200 hommes et 60 femmes, qui manifestent la plus grande envie de s'instruire.

Gaillon. — La maison possède deux écoles élémentaires, l'une pour les hommes, l'autre pour les femmes. On voit avec peine que les enfants n'apprécient pas cette institution; il faut souvent les contraindre à assister aux exercices.

Haguenau. — Lorsqu'au mois de janvier 1833 je pris la direction de la maison centrale, je pensai que la pénalité ne devait pas être un obstacle au désir de s'instruire, et j'admis sans distinction de peine les détenues qui me témoignèrent cette bonne volonté, que j'aurais voulu pouvoir faire naître chez toutes : le nombre s'en est accru successivement.

Limoges. — Il n'y a jamais eu d'école élémentaire dans la maison centrale; la plupart des condamnés qu'elle renferme sont illettrés, et ne témoignent nullement le désir de s'instruire. Il est vrai qu'ils nous arrivent presque tous de départements où l'instruction a fait encore peu de progrès, tels que la Corrèze, la Creuse, la Dordogne, le Cher, l'Indre et les deux Charentes : très-peu, bien qu'ils en aient la facilité, apprennent à lire et à écrire dans l'établissement.

Loos. — Il n'y a point encore, à proprement parler, d'école élémentaire établie à Loos, à moins qu'on ne veuille donner ce nom à l'habitude où l'on y est d'apprendre à lire et à écrire; mais il va en être établi une. A peine l'annonce en a-t-elle été faite, qu'un grand nombre de prisonniers, parmi les femmes surtout, ont manifesté le désir d'être admis à l'enseignement.

Melun. — Il y avait, il y a quelques années, une école élémentaire dans la maison centrale; elle n'existe plus maintenant : j'attribue ce résultat à la mauvaise volonté des détenus.

Un assez grand nombre de détenus apprennent de leurs camarades à lire et à écrire; mais je ne doute pas que, si cela devenait une obligation, beaucoup n'y renonçassent.

Montpellier. — Il n'y a pas d'école; mais le désir d'apprendre à lire et à écrire a été manifesté par quelques détenues : pour mettre à profit cette bonne volonté, il a été fait un essai qui a parfaitement réussi. Dans l'espace de six mois, 26 détenues ont appris tour à tour à lire et à écrire.

Nîmes. — Il n'y a point d'école. Une construction spéciale, dont l'achèvement aura lieu dans le mois de juillet prochain (1834), permettra de donner à l'instruction tout le développement convenable.

Poissy. — Point d'école, faute de local. Les détenus en désirent une vivement.

Rennes. — Peu.

Riom. — Oui.

2e QUESTION.

Avez-vous remarqué que ceux qui ont reçu ou reçoivent encore l'instruction élémentaire se soient amendés et tiennent une conduite plus régulière?

Beaulieu. — La discipline de la maison est telle, que la conduite des prisonniers est en quelque sorte uniforme; il n'est donc pas possible, pendant leur séjour dans la maison, de déterminer jusqu'à quel point l'instruction primaire aurait pu les amender.

Cadillac. — L'école est ouverte depuis trop peu de temps pour qu'on puisse aprécier les effets de l'instruction primaire (1834).

Clairvaux. — La conduite des condamnés qui ont reçu l'instruction primaire étant libres n'est pas plus régulière que celle des détenus illettrés. Quant à ceux qui la reçoivent dans la maison, comme ils ne sont admis à l'école qu'à titre de faveur et de récompense, ils évitent avec assez de soin toute occasion d'être repris. Parmi les criminels, on compte 28 condamnés sur 100 ayant reçu l'instruction élémentaire; ce rapport est de 40 sur 100 parmi les correctionnels. La proportion des récidives est de 31 sur 100, pour les individus sachant lire et écrire, et de 45 sur 100 pour les condamnés entièrement illettrés.

Clermont (Oise). — Les détenues qui ont reçu l'instruction élémentaire sont plus exactes dans leurs devoirs, dans les occupations d'attention et dans leur conduite habituelle.

Ensisheim. — Non, et même les jeunes détenus : avant qu'ils fussent évacués sur les maisons de Bellevaux et de Clairvaux, ils avaient eu ici un instituteur qui leur enseignait la lecture, l'écriture et le calcul. Eh bien, à mesure qu'ils avançaient dans leurs connaissances, ils s'étudiaient à altérer leurs livrets de travail, et à convertir le chiffre qui leur était marqué de un kilogramme en deux ou quatre kilogrammes. Voilà les fruits de notre enseignement primaire parmi une jeunesse déjà corrompue.

Eysses. — Le nombre des admis à l'école n'est pas assez considérable pour qu'il soit facile de constater d'une manière bien précise l'influence de l'instruction sur la réforme des condamnés.

Gaillon. — Oui : mais il faudrait mettre à la disposition des condamnés des livres qui auraient pour but de les distraire et de former en même temps leur cœur.

Haguenau.— On a fait constamment cette remarque, et il serait bien difficile qu'il en fût autrement. Indépendamment du salutaire exercice de l'intelligence, il y a volonté et sacrifice de la part de celles qui s'instruisent. Le temps de la classe, de dix à midi, comprend l'heure de la récréation du matin. Ce ne peut donc être qu'en vue d'une amélioration bien sentie qu'elles emploient cette heure à l'étude. Cette amélioration se manifeste d'ailleurs par la propreté de la tenue, l'assiduité au travail et la bonne conduite. Les fautes sont moins nombreuses et plus légères.

Loos. — En général, les individus qui ont reçu les premiers principes de l'instruction élémentaire avant d'*être condamnés et écroués* sont, de tous les prisonniers, les moins susceptibles d'un véritable amendement, et ceux qui ont poussé leur éducation première jusqu'à un certain degré d'élévation sont, à peu d'exception près, totalement incorrigibles.

Quant aux détenus qui ont acquis l'instructiou élémentaire en prison même, il est permis d'espérer qu'ils pourront en recueillir d'heureux fruits pour leur régénération. Cela dépendra toujours du choix qu'on fera des individus admis à l'école d'enseignement et du caractère religieux et moral de ceux qui seront chargés de les instruire.

Melun. — Une remarque générale que j'ai faite, c'est que les condamnés qui ont quelque instruction sont plus difficiles à conduire et plus dangereux. Ils veulent primer sur leurs co-détenus et se montrent plus indociles qu'eux à se soumettre aux règlements.

Montpellier. — Les vingt-six détenues qui ont appris à lire et à écrire avaient été choisies parmi celles qui avaient la meilleure conduite.

Mont-Saint-Michel. — C'est parmi les correctionnels qu'on trouve surtout les condamnés sachant lire et écrire; quelques-uns n'ont pas reçu cette seule instruction; il en est dont l'éducation a été complète, on peut dire même soignée. Ils font un très-mauvais usage des connaissances qu'ils ont été à même d'acquérir. Ils se font professeurs d'une science, et c'est celle du crime.

Nîmes. — Les plus instruits sont aussi les plus corrompus.

Rennes. — Parmi ceux qui reçoivent l'instruction élémentaire, plusieurs se sont amendés, parce que, aux heures de récréation et aux dortoirs, ils s'occupent à lire et tiennent par conséquent une conduite régulière.

Riom. — La plus grande partie des détenus qui ont reçu ou qui reçoivent encore l'instruction élémentaire tiennent une conduite régulière; plusieurs même se sont distingués et ont mérité des places de confiance.

3e QUESTION.

Pensez-vous que l'instruction primaire puisse contribuer à l'amélioration de quelques condamnés?

Beaulieu. — Chez quelques-uns l'instruction tournera au profit des mœurs, mais elle ne peut profiter qu'à un très-petit nombre, à 100 sur 500 par exemple. Il ne faut pas croire qu'elle puisse jamais devenir un moyen de plus grande corruption : il ne faudrait pas en juger par quelques faits isolés.

Clairvaux. — Adoucir les mœurs des condamnés, faire que des fripons ne deviennent pas scélérats et que les scélérats trouvent mieux de n'être que fripons, c'est là tout ce qu'on peut espérer raisonnablement lorsqu'il s'agit de l'amélioration des condamnés, et une large distribution de l'instruction élémentaire peut aider à ce résultat.

Clermont (Oise). — Oui.

Embrun. — On ne voit pas pourquoi ceux qui apprendraient à lire, écrire et calculer dans nos maisons deviendraient meilleurs, lorsque ces connaissances déjà acquises n'empêchent pas ceux qui les possèdent d'être tout aussi corrompus, tout aussi incorrigibles que leurs camarades illettrés. La science est sans doute une excellente chose, mais n'est-elle pas une arme de plus entre les mains de qui ne songe qu'à mal faire? Il résulte de mes statistiques que la criminalité augmente en raison directe de l'instruction. Ainsi, tandis que ceux qui savent lire et écrire fournissent moins du quart des correctionnels en première condamnation, ils font plus du quart des criminels en première condamnation, et un peu plus encore des criminels en récidive.

Ensisheim. — Non. L'instruction, chez les individus déjà engagés dans le vice est une arme de plus qu'on leur donne contre la société.

Eysses. — On n'espère pas qu'elle soit favorable à la réforme des condamnés; car, en général, les plus intelligents sont en récidive.

Fontevrault. — Quelques dangers peuvent résulter de l'instruction que les détenus vont recevoir; on peut abuser des choses les plus utiles. Mais je suis certain que l'instruction primaire dirigée avec sagesse et habileté peut contribuer puissamment à l'amendement des condamnés.

Gaillon. — Il n'est pas douteux que l'instruction dirigée vers un bon but contribue à l'amélioration des condamnés.

Haguenau. — Oui; j'en ai fait l'expérience sur plusieurs condamnés.

Limoges. — On ne pense pas qu'une instruction aussi tardive et aussi imparfaite puisse, à quelques exceptions près, contribuer aucunement à l'amélioration des détenus.

Loos. — Oui; si l'instruction qui enseigne la lecture, l'écriture, le calcul, marche de pair avec l'éducation religieuse qui apprend à faire bon usage de ces connaissances.

Melun. — L'instruction primaire doit avoir une grande influence morale sur les jeunes condamnés; mais il faut qu'ils soient totalement séparés des adultes : sans instruction religieuse l'instruction élémentaire est une trop faible garantie.

Montpellier. — L'instruction élémentaire améliorerait le moral du plus grand nombre.

Mont-Saint-Michel. — L'instruction élémentaire peut devenir une source de bien-être pour beaucoup de détenus, et dès lors elle est utile; mais elle n'est point un moyen d'amélioration morale, une cause de retour au bien; elle est impuissante à ce grand résultat. Quelques exceptions seulement peuvent être admises.

Il y a des individus nés avec des penchants au vice tellement prononcés, que rien ne peut les en guérir, sauf des remèdes violents.

Nîmes. — L'instruction élémentaire rendra les détenus plus accessibles à l'entendement des vérités morales et religieuses.

Poissy. — Certainement, l'instruction primaire peut contribuer à l'amélioration des condamnés.

Rennes. — L'instruction primaire contribue, dans la maison, à l'amélioration de plusieurs détenus, et elle leur sera d'un grand avantage lorsqu'ils seront rentrés dans la société, surtout dans un pays où l'instruction est peu avancée.

Riom. — Presque tous les crimes étant commis par des hommes qu'abrutit la plus grossière ignorance, l'instruction me paraît être un moyen aussi puissant pour réformer les inclinations vicieuses, que pour les prévenir. 60 adultes seulement ont pu jouir du bienfait de l'instruction. Cette instruction étant imparfaite, à cause du peu de temps que les détenus qui travaillent peuvent y consacrer, elle n'a pu avoir tous les heureux résultats qu'on pouvait en attendre.

4e QUESTION.

Combien, à ce jour, y en a-t-il dans vos écoles?

Combien de femmes et combien d'hommes?

Combien savent lire et écrire?

Combien savent lire seulement?

Combien, sur ces deux derniers nombres, ont appris à lire ou à écrire dans la maison?

Beaulieu. — 70 hommes. Point de femmes. On organise une école pour les femmes.

Cadillac. — 40 femmes qui savent lire seulement, et dont 16 ont appris dans la maison.

Clairvaux. — 190, dont 136 hommes et 54 femmes. Sur une population de 1,643 détenus, 317 hommes et 46 femmes savent lire et écrire; 221 dont 161 hommes et 60 femmes savent lire seulement; sur la totalité 584 savent lire; 129 ont appris à lire ou à écrire dans la maison par l'enseignement mutuel.

Clermont (Oise). — L'école n'est pas encore établie; mais dans les récréations, et les jours de fêtes et de dimanche, les détenues s'instruisent entre elles. Sur la totalité des détenues, 100 savent lire et écrire; 64 savent lire seulement; 30 ont appris à lire dans la maison, et 20 à lire et à écrire.

Embrun. — Une école va être établie.

Eysses. — 56 hommes, dont 30 savent lire et écrire, 24 commencent à lire et à former des lettres. Les 30 premiers ont appris dans la maison. Plusieurs ont fait des progrès rapides.

Fontevrault. — 266, dont 200 hommes et 60 femmes; sur la totalité des détenus en hommes, qui est de 1,088, il y en a 287 qui savent lire et écrire, et 32 femmes sur 322; 114 hommes et 23 femmes savent lire seulement; 49 hommes et 14 femmes ont appris à lire et à écrire dans la maison.

Gaillon. — 26 garçons à la lecture et 31 à l'écriture; 7 jeunes filles à la lecture et 13 à l'écriture. Il y a 57 hommes et 20 femmes qui apprennent: 44 savent lire et écrire; 33 savent lire seulement; 71 ont appris à lire dans la maison et 41 à écrire.

Haguenau. — Le nombre des détenues fréquentant volontairement l'école est de 92, sur une population de 587, c'est-à-dire environ le sixième. 75 savent lire et écrire; 17 savent lire seulement; 64 ont appris dans la maison à lire et à écrire dans les langues française et allemande

Nîmes. — L'école est sur le point d'être établie.

Rennes. — Le local destiné à l'école ne peut recevoir que 50 élèves. Sur 90 qui savent lire et écrire, 70 ont commencé dans la maison.

Riom. — Il y a 60 élèves hommes, point de femmes. Sur la totalité des détenus, qui est de 578, 162 savent lire et écrire et 16 savent lire seulement; 35 ont appris à lire et à écrire dans la maison.

CHAPITRE III. — *TRAVAIL.*

1re QUESTION.

Reconnaissez-vous au travail une action essentiellement réformatrice ?

Beaulieu. — Le travail commence pour les condamnés une existence morale dont l'un des effets est de les rendre accessibles à l'instruction religieuse. Sans le travail il n'y a pas d'amélioration possible. Il est la base, l'âme du régime pénitentiaire. En ne jugeant qu'à l'extérieur et pendant la captivité, la réforme des condamnés paraît complète, et c'est déjà un résultat satisfaisant. Si sur cent condamnés dix seulement profitent des bonnes habitudes qu'on leur a données, il ne faut pas en accuser le régime de nos prisons; la cause doit en être attribuée à la mauvaise éducation, dont les effets ne peuvent plus être détruits.

Cadillac. — Le travail agit efficacement sur le moral des femmes condamnées, mais principalement sur celles qui ont à subir plusieurs années de captivité. L'habitude du travail ne peut être contractée par celles qui n'ont à passer que peu de mois dans la maison; il n'est pas possible de leur enseigner un métier.

Clairvaux. — Le travail ne fera pas des condamnés des *hommes probes*, mais il est la garantie la plus sûre de l'ordre et de la tranquillité. Il adoucit aussi les mœurs des condamnés. Si le travail et la science acquise d'un métier n'empêchent pas essentiellement la récidive des libérés, ils ont du moins pour effet de reculer le moment de la rechute de plusieurs.

Clermont (Oise). — La question de réformation, par le travail, dans les habitudes vicieuses occasionnées par la mauvaise conduite ou l'oisiveté, n'est pas douteuse; le travail est aussi nécessaire à la bonne moralité des détenus que les bons aliments à leur santé.

Embrun. — Les voleurs, les faussaires, les escrocs, forment les 89 centièmes de notre population : la misère, la cupidité, la débauche (celle-ci toujours accompagnée d'une invincible paresse), sont les trois principales causes des délits de cette nature. Les voleurs par misère ont tous l'habitude du travail, elle ne les a pas empêché de voler; l'ivrogne, le joueur, le libertin, restent tels, et le travail auquel ils sont assujettis ne détruira pas en eux leurs habitudes invétérées de paresse. Prévenir le désordre, aider au maintien de la discipline, me semblent presque les seuls avantages du travail.

Ensisheim. — Le travail est un puissant moyen de discipline.

Eysses. — Oui, plus ou moins, selon que les localités seront plus ou moins favorablement disposées, et que les catégories des détenus seraient mieux établies.

Fontevrault. — Sans aucun doute, mais à deux conditions : la première, que les métiers appris aux détenus se rapprochent autant que possible de ceux pour lesquels ils auront le plus d'aptitude; la seconde, que ces métiers leur offriront des chances probables de pouvoir les exercer après leur libération.

Gaillon. — La réponse à cette question ne peut être qu'affirmative. Sans le secours du travail, le découragement, l'ennui s'empareraient des détenus, et bientôt ils succomberaient dans le marasme : le travail a bien d'autres avantages.

Haguenau. — Une observation journalière m'a pleinement convaincu que le travail a cette action salutaire sur les détenues.

Limoges. — Je n'ai pas remarqué que le travail produisît sur la masse des détenus une action essentiellement réformatrice. Le 8e au plus de la population subit cette influence.

Loos. — Oui, sans aucun doute; mais tout autant qu'on cessera d'en faire, par la concession du produit de main-d'œuvre, un élément de perpétuation dans les habitudes de l'intempérance et des ruineuses orgies du cabaret.

Melun. — Tous les écrivains qui jusqu'à ce jour se sont occupés des prisons et d'améliorer le moral des prisonniers ont regardé l'action du travail comme essentiellement réformatrice; je pense qu'ils se sont trompés à l'égard du plus grand nombre.

Le travail dans les prisons ne change pas le moral; il occupe le corps et l'esprit, et voilà tout : aussi son avantage le plus positif a été de rendre les détenus plus faciles à conduire, en leur ôtant leurs longues heures de loisir et d'ennui.

Montpellier. — Les détenues les plus laborieuses sont en général celles qui ont la conduite la plus régulière : dès qu'elles prennent l'amour du travail et l'habitude de l'application, les plus intraitables deviennent les plus sociables : j'en conclus que le travail a une action, sinon décisive, du moins essentiellement réformatrice.

Mont-Saint-Michel. — Le travail, voilà pour les prisonniers, ou du moins pour un certain nombre d'entre eux, le véritable moyen d'amélioration morale et de réforme. Il me serait impossible de dire tous les avantages que je lui reconnais : ils sont si nombreux et si grands, qu'il devra toujours être la base essentielle de tout système pénitentiaire, ou plutôt que sans lui il n'y a aucun système possible.

Toutefois, le travail n'exerce pas sur les condamnés une action essentiellement réformatrice; c'est l'auxiliaire le plus puissant de la réforme, sans lequel on ne peut rien, mais ce n'est qu'un auxiliaire.

Nîmes. — Oui.

Poissy. — Oui; c'est une vérité bien reconnue que les détenus qui travaillent avec le plus d'ardeur et d'assiduité sont ordinairement ceux qui se conduisent le mieux. Je regarde la masse du détenu comme la boussole de sa conduite.

Riom. — Oui; le travail, loin d'être une aggravation de peine, est pour le détenu un véritable bienfait, un moyen de bien-être, un moyen de santé; le travail console et distrait du malheur.

2ᵉ QUESTION.

Les condamnés travaillent-ils avec ardeur, avec assiduité?

Beaulieu. — Les condamnés travaillent avec assiduité, mais en général avec peu d'ardeur. C'est la paresse, jointe à l'ivrognerie chez les hommes, et au libertinage chez les femmes, qui, le plus souvent, les a rendus criminels. Ayant d'ailleurs peu de besoins, il n'est pas étonnant qu'ils se montrent peu laborieux.

Cadillac. — Les femmes vicieuses et les filles publiques ont bien de la peine à vaincre l'aversion qu'elles ont pour le travail; il faudrait pouvoir le leur faire aimer.

Clairvaux. — Les vices qui dominent chez presque tous les condamnés sont la paresse et la gourmandise. S'ils surmontent l'une, ce n'est que pour contenter l'autre et éviter le châtiment réservé au refus du travail. Lorsque l'époque de la libération approche, la plupart travaillent avec une ardeur véritable. Les femmes sont plus assidues que les hommes. Les condamnés à longs termes sont plus appliqués que ceux qui n'ont à subir qu'un ou deux ans de prison.

Clermont (Oise). — Il y a réellement dans le plus grand nombre des détenues beaucoup d'assiduité et de zèle dans les travaux; le plus petit nombre, qu'il faut stimuler et même punir, se compose de celles des détenues condamnées pour vagabondage ou mendicité, quoique en état de travailler, et ce petit nombre appartient à la classe des individus des campagnes que les parents ont habitués à mendier dans leur jeune âge.

Embrun. — En général les condamnés n'apportent pas beaucoup d'ardeur et d'assiduité au travail. On voit, par exception, des paresseux qui, ne pouvant satisfaire autrement leur penchant à la gourmandise, cherchent dans un travail assidu des moyens que, libres, ils cherchaient et chercheraient encore dans leur coupable industrie, moins pénible et plus lucrative que le travail.

Ensisheim. — Oui; et l'on voit même des fainéants qui rentrent ici pour la quatrième ou pour la cinquième fois, par suite d'habitudes de vagabondage et de débauche, reprendre paisiblement leur métier et se livrer au travail comme les hommes les mieux réglés dans leur conduite.

Eysses. — Les détenus, en général, travaillent avec répugnance : la masse est essentiellement paresseuse et ne se livre au travail que par force et dans des vues d'intempérance.

Fontevrault. — Oui, en général, quoiqu'il y en ait beaucoup de paresseux; mais le plus ou moins d'ardeur et d'assiduité dans le travail dépend du plus ou moins de goût qu'ils ont pour le métier qu'on leur fait apprendre.

Gaillon. — La paresse est le vice dominant des condamnés; elle a conduit en prison les trois quarts d'entre eux. En général, la journée d'un prisonnier ne vaut que la moitié de celle d'un homme libre. Le travail est une véritable peine pour eux : ils se sont fait souvent mettre au cachot pour s'y soustraire.

Haguenau. — Cette ardeur, cette assiduité varient suivant les individus. Un dixième de la population est paresseux.

Limoges. — S'il n'y a qu'un petit nombre qui travaille avec ardeur et assiduité, ceux qui sont condamnés à cinq ans et plus, frappés de l'idée qu'ils ne sortiront jamais de la prison et qu'ils ne profiteront jamais de leur masse, ne montrent du goût qu'après avoir fait la moitié de leur peine. Ceux qui ont peu de temps à faire ne s'y livrent que difficilement, à moins qu'ils ne trouvent l'occasion d'exercer dans la maison l'état qu'ils avaient avant d'y entrer.

Loos. — Cela dépend de la hausse ou de la baisse des tarifs arrêtés pour le prix de main-d'œuvre et du plus ou moins d'avantages qu'ils y trouvent pour s'abandonner à leurs goûts dépravés et à leur irrésistible penchant à l'ivrognerie.

Melun. — Croire que les détenus prendront le goût du travail, et qu'une fois libres ils s'y livreront, est une erreur que l'expérience m'a démontrée; ils ne s'y livrent pas par amour, mais par nécessité d'abord, et ensuite pour gagner de quoi aller à la cantine ou avoir du tabac, et, dans les dernières années de leur détention, pour se faire une masse.

Peu de détenus refusent positivement de travailler; ils sont assidus à leur travail, mais la police de la maison ne leur permet pas de faire autrement. A cet égard, les condamnés des campagnes valent mieux que ceux des villes.

Montpellier. — Oui, lorsque l'industrie qu'on leur apprend leur procure quelque aisance : tant qu'elles sont apprenties, il est rare qu'elles soient assidues et ardentes au travail.

Mont-Saint-Michel. — Beaucoup de prisonniers apportent de l'ardeur dans leur travail et rivalisent entre eux d'activité, d'énergie et de soins; mais à côté de ceux-là il s'en trouve quelques-uns qui ne s'occupent que par force; ils sont négligents, apathiques.

Poissy. — Les condamnés, en général, ne travaillent pas avec beaucoup d'ardeur; le meilleur ouvrier, lorsqu'il est détenu, travaille avec moins de zèle que lorsqu'il est en liberté.

Rennes. — Il est fâcheux pour les détenus de la maison centrale de Rennes qu'il n'y ait qu'un seul genre d'industrie exploité : c'est la fabrication des toiles à voiles, quelques toiles fines et quelques siamoises. Les détenus qui sont des pays où l'on ne fabrique pas de toiles, prévoyant que ce métier ne leur sera d'aucune utilité à leur sortie, y travaillent avec répugnance.

En général, il n'y a que les détenus séduits par l'appât du gain qui travaillent avec assiduité.

Riom. — Les condamnés sont en général paresseux : il en est dont la paresse est invincible. Un petit nombre travaille avec assiduité.

3e QUESTION.

Sur cent détenus, combien y en a-t-il environ qui apprennent un métier pouvant leur procurer des moyens d'existence après leur libération ?

Beaulieu. — Environ 50 sur 100, d'après un relevé fait sur le registre des condamnés libérés depuis trois ans. Les individus condamnés à court terme, les vieillards et les infirmes sont toujours privés de l'avantage d'apprendre un métier pouvant les faire vivre.

Clairvaux. — Environ 40 sur 100.

Clermont (Oise). — Environ 90 sur 100.

Embrun. — Nous avons eu jusqu'à présent, ici, une centaine de tisseurs de drap ou de toile. Le reste de la population était employé à la filature des matières premières, occupation énervante et dont on ne pouvait espérer de leur voir tirer aucun parti hors de la maison.

Ensisheim. — Le travail et les secours qu'il procure aux détenus, après leur libération, devraient leur être une ressource précieuse, mais il n'en est rien : rentrés dans la société, ils reprennent leurs habitudes de paresse.

Eysses. — 56 sur 100.

Fontevrault. — Sur 1,088 hommes, 794 apprennent des métiers.

Sur 322 femmes, 273 travaillent : mais on ne peut indiquer que d'une manière conjecturale et très-inexacte une proportion aproximative des détenus qui pourront utiliser au dehors les métiers appris dans la maison. Cette chance est subordonnée aux facilités qu'ils rencontreront dans les lieux où ils doivent se retirer.

Gaillon. — On évalue à peu près au tiers le nombre des détenus qui apprennent pendant leur détention un métier qu'ils puissent exercer à leur sortie, pour fournir à leur subsistance.

Haguenau. — 65 sur 100.

Limoges. — Sur 100 détenus, il y en a à peine une trentaine qui apprennent un état pouvant leur procurer des moyens d'existence après leur libération, et, sur ce nombre, il n'y en a pas 10 qui veuillent l'exercer.

Loos. — On n'en saurait préciser le nombre que fort aproximativement, en ce que cela dépend essentiellement de l'espèce d'industrie introduite dans les maisons centrales.

Dans celles où l'industrie locale consiste plus particulièrement en confection d'objets d'art, d'étoffes de luxe, d'ameublement ou de tous autres de cette espèce, qui ne demandent que le travail d'un seul ouvrier, la proportion sera de 40, 50, 60 ouvriers sur 100.

Mais dans les pays de manufacture, où, comme à Loos, la principale industrie consiste à tisser des étoffes de coton, la proportion sera de 15 à 20 sur 100 fileurs ou tisseurs.

Melun. — Sur 100 détenus, 20 au plus sortent de la maison centrale sachant un métier qui les mettra à même de vivre, s'ils l'ont appris dans la maison.

Chacun d'eux, appliqué à une spécialité de l'industrie où il est classé, n'est qu'un véritable routinier.

Au reste, leur existence future ne tourmente jamais les détenus, car ils ne sortent presque tous qu'avec l'intention de revenir ou d'aller dans une autre maison. Combien en ai-je entendu dire qu'on leur conservât leur lit et leur métier, et tenir parole !

Montpellier. — 45 sur 100 : ce chiffre s'élèverait à 75 sur 100 si les détenues étaient toutes valides ; mais beaucoup sont infirmes par suite du libertinage.

Mont-Saint-Michel. — Dans les maisons dirigées avec intelligence, tous les détenus qui ont à y passer plusieurs années doivent apprendre un métier capable de leur procurer des moyens d'existence après leur libération.

Nîmes. — En général, l'industrie acquise dans l'établissement est peu profitable aux condamnés après l'expiration de leur peine. Il en est peu qui ne reprennent, en sortant de prison, le métier qu'ils exerçaient avant leur condamnation.

Poissy. — Sur 700 détenus environ que renferme la maison centrale, 450 sont occupés à un métier qu'ils n'apprennent *qu'en partie ;* aussi, à peine 10 pourront-ils en tirer parti après leur libération. Nous n'avons guère ici que les ateliers de la filature, du tissage, de la bonneterie, des chaussons et des tailleurs, occupant environ 250 détenus, qui offrent quelque avenir. Sur 100 détenus de cette classe, 50 à 60 sortiront assez instruits pour gagner isolément leur vie dans la société.

Rennes. — 66 sur 100.

Riom. — 18 sur 100. Ce qui est cause qu'il y en a un si petit nombre, c'est que les métiers qu'ils pourraient facilement exercer dans la société ne leur sont pas appris dans la maison.

4ᵉ QUESTION.

Le travail leur donne-t-il, en général, des habitudes d'ordre et d'économie ?

Beaulieu. — En général, les condamnés se montrent économes.

Cadillac. — Les femmes qui n'attendent point de secours de leurs familles économisent pour se mieux vêtir à leur sortie.

Clairvaux. — On peut croire raisonnablement que l'obligation de travailler tous les jours donne des habitudes d'ordre à la plupart des détenus; mais rien ne peut faire supposer que le travail leur donne généralement le goût et l'habitude de l'économie. Très-peu de condamnés font des économies sur leurs deniers de poche.

Clermont (Oise). — Le travail habituel et soutenu donne un plus grand nombre d'habitudes d'ordre et d'économie.

Embrun. — Le travail par lui seul ne donne pas aux détenus des habitudes d'ordre et d'économie; et comment en attendre de tels résultats, lorsqu'on voit que ces vertus sont si rares parmi les ouvriers libres de nos grandes villes manufacturières, où cette classe vit au jour le jour, et ne trouve d'autres ressources au ralentissement des travaux que la mendicité ou l'émeute?

Ensisheim. — Oui, dans la prison.

Eysses. — Non.

Fontevrault. — En général, les habitants des campagnes sont plus rangés, plus sobres et conséquemment plus économes que ceux des villes.

Gaillon. — Il en est plusieurs sur lesquels il produit cet effet; mais c'est le petit nombre : l'avenir est le *Deus ignotus* des condamnés ; mais sans l'auxiliaire du travail il serait bien difficile de régir une maison centrale.

Haguenau. — Oui.

Limoges. — Le travail leur donne si peu des habitudes d'ordre et d'économie, que sur 100 il n'y en a pas 25 qui économisent un centime sur leurs deniers de poche. Plus ils gagnent et plus ils dépensent, et il arrive ordinairement que, deux ou trois jours après la paye, les quatre cinquièmes ont dépensé ce qu'ils ont reçu; l'autre cinquième garde son argent ou pour le prêter en cachette, ou pour le verser à la caisse des dépôts.

Loos. — Il leur donne au contraire des habitudes totalement opposées, à peu d'exceptions près, et il en sera ainsi tant qu'on maintiendra le système désorganisateur des deniers de poche et des cantines.

Melun. — Sauf quelques exceptions, le travail ne donne pas plus d'ordre aux détenus.

Montpellier. — L'ordre et l'économie ne sont pas toujours une suite de l'amour du travail. Il y a des détenues très-laborieuses qui ne sont nullement économes; d'autres qui ont la fainéantise en partage et qui ont de l'ordre et de l'économie.

Mont-Saint-Michel. — Le travail seul ne peut pas donner aux détenus, en général, des habitudes d'ordre et d'économie; ce résultat exige la réunion de plusieurs conditions, entre autres celle du désir de se régénérer.

Nîmes. — Oui.

Poissy. — Le travail est un grand bienfait pour les prisonniers; il donne au plus grand nombre des habitudes d'ordre et d'économie.

Rennes. — Le travail ne donne qu'à un petit nombre des habitudes d'ordre et d'économie.

Riom. — Le travail ne donne des habitudes d'ordre et d'économie qu'à quelques détenus, occupés à des industries qu'ils peuvent exercer lorsqu'ils seront en liberté.

5e QUESTION.

De quelle manière emploient-ils leurs deniers de poche?

Beaulieu. — En consommations à la cantine; presque tous n'achètent de la viande ou d'autres aliments que le dimanche; les autres jours de la semaine, ils n'achètent que des boissons. Ils feraient un meilleur emploi de leur argent, si la vente du vin et des autres boissons enivrantes était interdite; ils ne pourraient plus entretenir un goût qui leur a été et qui peut leur devenir encore si funeste.

Cadillac. — En consommations à la cantine.

Clairvaux. — Les cinq sixièmes sont employés à la cantine; l'autre sixième paraît être économisé pour se pourvoir de vêtements un peu moins communs au moment de leur sortie, ou pour se ménager les moyens de faire leur route d'une manière plus commode.

Clermont (Oise). — La cantine les absorbe presque en totalité; à peine un vingtième est utilisé pour des besoins de famille.

Embrun. — Les voleurs par nécessité ou par avarice se font remarquer, les premiers, par un emploi personnel mieux réglé et plus soutenu de leurs deniers de poche, et les seconds par l'amassement ou l'application de ces deniers à toute espèce de trafics. Ils spéculent, brocantent, prêtent à usure, achètent le travail de leurs camarades débauchés pour augmenter leur masse de réserve. Les débauchés, pour qui il n'est point de lendemain, dissipent leur gain follement et tout à la fois à la cantine et au jeu.

Ensisheim. — A la cantine.

Eysses. — A la cantine.

Fontevrault. — Il n'est pas rare que les habitants des campagnes fassent des épargnes sur leurs deniers de poche, tandis que ceux des villes absorbent quelquefois en un jour leur salaire de la semaine.

Gaillon. — Le denier de poche est presque toujours employé à la cantine, en tabac, pain et viande; il le serait surtout en vin et en liqueur, si on le permettait.
Les femmes employeraient leur argent en objets de luxe, si on le tolérait.

Haguenau. — Les détenues dépensent à peu près la moitié de leur gain à la cantine; l'économie ne peut donc porter que sur l'autre moitié. Dans ce moment, 30 détenues ont déposé leurs épargnes à la caisse des dépôts de la maison; d'autres les envoient ou à leurs maris ou à leurs enfants; enfin d'autres en achètent des tabliers, des cornettes, des fichus, pour les porter les dimanches et les fêtes.

Limoges. — Les deux tiers de ce qu'ils gagnent sont employés en achat de vin, l'autre tiers en comestibles ou en tabac.

Loos. — A toutes sortes d'excès; très-peu les économisent de manière à les faire durer toute une semaine et, perçus le samedi, il leur en reste bien rarement un centime le mercredi suivant.

Melun. — A la cantine et en tabac.

Montpellier. — En général, à la cantine; quelques-uns les économisent pour les verser à la caisse des dépôts, ou les envoyer à leur famille.

Mont-Saint-Michel. — La plupart à satisfaire leur gourmandise; quelques-uns les déposent au greffe pour les envoyer à leurs familles malheureuses.

Nîmes. — La presque totalité des deniers de poche passe à la cantine.

Poissy. — Presque tous dépensent à la cantine leurs deniers de poche pour se procurer un supplément de vivres, et adoucir ainsi leur position. Quelques-uns s'en servent pour envoyer quelques secours à leurs familles malheureuses, ou les remettent à leur masse.

Rennes. — A la cantine ou au jeu, lorsqu'ils peuvent tromper la surveillance des gardiens.

Riom. — Les détenus rendent, par la cantine, à l'entrepreneur, l'argent qu'ils en ont reçu chaque dimanche à la paye. Quelques-uns économisent pour leur masse ou pour envoyer à leurs parents pauvres.

6e QUESTION.

Quelle est l'influence du pécule sur la conduite et le travail?

Clairvaux. — L'influence du pécule sur la conduite est bonne, mais indirecte; son influence sur le travail est bonne, directe, décisive.

Clermont (Oise). — L'influence du pécule ne nuit point au travail, par la précaution prise de suspendre, pour un temps déterminé, la distribution partielle de deux francs donnés par semaine.

Embrun. — Aucune.

Ensisheim. — Le pécule excite les détenus au travail; leur tenue dans les ateliers est exemplaire.

Eysses. — L'influence du pécule est nulle sur la conduite et le travail des détenus en général. Le produit du pécule leur est indifférent; ils le donneraient volontiers pour une somme modique qu'ils pourraient dépenser à leur volonté.

Gaillon. — Le pécule exercerait une influence pernicieuse sur la conduite et le travail, si l'emploi n'en était surveillé avec un grand discernement. Les secours extraordinaires n'auraient pour résultat que de diminuer d'autant le travail.

Haguenau. — Il entretient l'amour du travail et la bonne conduite.

Loos. — Le détenu qui ne peut gagner qu'un faible pécule ne travaille que par contrainte; celui qui peut s'en faire un assez considérable y tient davantage. L'influence du pécule deviendrait moralisante si le détenu ne trouvait dans la maison le moyen de le consommer.

Melun. — Le pécule les fait travailler, mais dans le seul but de le dépenser à la cantine.

Montpellier. — Elle est favorable.

Mont-Saint-Michel. — Le pécule est une condition essentielle de l'assiduité des détenus au travail, et par conséquent de la régularité de leur conduite. Il serait impossible, dans l'état actuel de nos prisons, d'assujettir les prisonniers au travail, si on ne leur présentait pas la récompense de la peine qu'ils se donnent.

Nîmes. — La cantine est nécessaire dans notre maison, où un grand nombre de condamnés est employé au cardage, travail pénible. Le pécule, en s'accroissant, excite l'ardeur de l'ouvrier; il lui fait entrevoir des ressources pour l'époque de sa sortie.

Poissy. — Elle est très-grande : le détenu travaille avec plus d'ardeur, d'assiduité; et sans le pécule, nous ne pourrions, comme aux États-Unis, parvenir à le faire travailler.

N. B. Le *pécule* ne doit s'entendre que des fonds retenus pour l'époque de la sortie.

On voit que plusieurs directeurs l'ont confondu avec les fonds envoyés aux condamnés, par leur famille, à titre de secours.

D'autres ont supposé qu'il s'agissait des deniers de poche.

7e QUESTION.

Ceux qui reçoivent des fonds se distinguent-ils habituellement, par quelque disposition particulière, de ceux qui n'ont point d'autres ressources que leur travail?

Beaulieu. — Ils n'ont aucune influence salutaire sur la conduite et le travail des condamnés des villes, plus vicieux et plus corrompus que ceux des campagnes; ils ne servent souvent qu'à favoriser leur paresse. Les condamnés des campagnes qui reçoivent des secours de leurs familles se conduisent généralement mieux que les autres.

Cadillac. — Les femmes qui reçoivent des secours sont, en général, celles qui se conduisent le plus mal : l'argent qui ne coûte rien à gagner en prison est très-difficile à économiser.

Clairvaux. — Il n'existe aucune différence appréciable entre la masse des condamnés et ceux qui ne reçoivent que de faibles sommes, et à des intervalles très-éloignés. Quant à ceux qui reçoivent habituellement des secours, on remarque qu'ils se lient de préférence entre eux et se montrent un peu rogues. Ils ne sont pas d'ailleurs plus enclins que les autres au jeu, à l'ivrognerie et à la gourmandise. Aucune différence quant au produit moyen de leur travail.

Clermont (Oise). — Non.

Embrun. — Par plus de paresse lorsque les fonds sont un peu abondants.

Ensisheim. — Les secours que les parents envoyent à un certain nombre de détenus ne sont propres qu'à alimenter la paresse de plusieurs d'entre eux, et les profits de la cantine.

Eysses. — Par plus de paresse et d'insubordination.

Fontevrault. — Presque tous les détenus qui reçoivent des fonds du dehors sont moins appliqués au travail et plus insubordonnés que ceux qui n'attendent des secours que d'eux-mêmes.

Gaillon. — Le trop d'argent est en général une occasion de mauvaise conduite. L'emploi qu'en font les prisonniers exige une grande surveillance. L'on obtient difficilement et fort rarement qu'ils fassent une sage distribution de leur avoir, pour se procurer un ordinaire réglé et suivi.

Haguenau. — Les détenues qui se trouvent dans ce cas sont en général plus soigneuses que les autres; elles se livrent plus facilement au travail et se conduisent mieux; leur moral est aussi meilleur, par la confiance qu'elles ont d'être reçues et secourues par leurs parents après leur libération.

Limoges. — Les détenus qui reçoivent des fonds du dehors, et ce n'est pas le plus grand nombre, ne se distinguent des autres que par une plus grande dépense et une moindre assiduité au travail, et j'ai remarqué qu'en général ces sortes de secours étaient plus nuisibles qu'avantageux à l'ordre et à l'activité des travailleurs.

Loos. — Celui qui ne reçoit pas assez d'argent du dehors pour se passer de travailler se conduit bien; mais le détenu qui reçoit du dehors des secours assez considérables pour le dispenser du travail se conduit très-mal.

Melun. — Tout détenu qui compte sur les ressources de son fonds de dépôt travaille peu et négligemment. Du reste rien ne les distingue des autres détenus par leur conduite. La seule remarque qu'on ait faite, c'est qu'ils vivent constamment mieux que les autres détenus.

Montpellier. — Non.

Mont-Saint-Michel. — Il arrive souvent que ceux qui reçoivent des fonds sont moins laborieux que les autres. Il est naturel de penser que, pouvant se procurer beaucoup de secours sans qu'ils soient obligés de les gagner, ils se laissent aller volontiers à la paresse. Cependant ce mal est rarement poussé fort loin, parce qu'il y a un remède fort simple, et dont l'emploi ne manque jamais son effet : c'est de priver entièrement des fonds qui leur sont envoyés ceux qui montrent de pareilles dispositions.

Nîmes. — Ceux qui reçoivent des secours ne se distinguent pas de ceux qui n'ont d'autres ressources que leur industrie. La distribution de ce secours est suspendue dès l'instant qu'il y a relâchement dans le travail de l'individu.

Poissy. — Oui; ils sont plus paresseux, n'apprennent pas de métier, prêtent leur argent à usure.

Riom. — Par l'ivrognerie, la paresse, la hauteur envers leurs camarades, et leur turbulence.

8e QUESTION.

Le silence est-il prescrit et observé dans les ateliers?

Beaulieu. — Le silence est prescrit et observé. Les condamnés ne peuvent parler dans les ateliers qu'à l'occasion et pour les besoins de leurs travaux.

Clairvaux. — Le silence est prescrit dans les ateliers et observé dans plusieurs, dans ceux qui peuvent être l'objet d'une surveillance continue; tels sont les ateliers des femmes. Dans les ateliers où deux, trois ou quatre détenus concourent à l'exécution d'un même travail industriel, le silence absolu est impossible à obtenir.

Clermont (Oise). — Le silence dans les ateliers est de prescription rigoureuse; mais les relations forcées des surveillantes avec les ouvrières et des apprenties avec celles qui les intruisent, occasionnent des explications fréquentes, notamment dans les ateliers de broderie et de ganterie.

Embrun. — Il ne peut être ni prescrit ni observé : la disposition de nos ateliers, petits et disséminés, s'y oppose.

Ensisheim. — Oui.

Eysses. — Le silence est prescrit dans les ateliers, mais les localités ne facilitent pas l'exécution de cette mesure essentiellement réformatrice.

Fontevrault. — Le règlement permet aux détenus de se livrer à une conversation paisible et honnête en travaillant, et ne leur impose un silence absolu que lorsque des autorités ou des étrangers viennent dans les ateliers. Un silence complet serait préférable; mais, pour l'obtenir, il faudrait que les ateliers fussent disposés de manière à rendre la surveillance plus facile et plus efficace.

Gaillon. — Le règlement ne prescrit pas un silence absolu; mais l'on ne parle dans les ateliers qu'à voix basse et pour les besoins du travail. Les conversations générales en sont bannies. L'on pense que l'on peut obtenir une grande amélioration par l'observation du silence absolu.

Haguenau. — Le silence est prescrit, mais n'est pas observé; d'abord parce que la chose est plus difficile dans une maison de femmes, ensuite parce que le nombre des gardiens est trop petit : du reste, le défaut de silence est sans inconvénient; il n'a jamais donné lieu à aucun désordre.

Limoges. — Le silence n'est pas prescrit d'une manière absolue dans les ateliers. Les détenus peuvent causer tranquillement : s'ils crient ou s'ils chantent, on les punit.

Loos. — Prescrit toujours; observé, cela dépend. Toute la perfection de la marche intérieure d'une maison centrale dépend de l'expérience et du savoir-faire de celui qui la dirige. Rien de plus facile que d'obtenir des détenus le silence le plus absolu : il ne faut pour cela que de l'énergie dans le caractère et de la justice dans le cœur, avec une autorité assez puissante et assez étendue pour pouvoir ce qu'on sait vouloir.

Melun. — Le silence est prescrit et généralement observé dans les ateliers, mais il est impossible qu'il soit absolu. Les observations des maîtres aux apprentis, les demandes réciproques d'outils, font qu'on ne peut le maintenir. Au reste, ce ne sont point les conversations d'ateliers qui sont dangereuses ni pour la morale ni pour la sûreté de la maison.

Montpellier.—Le silence est prescrit dans les ateliers comme mesure d'ordre et de discipline, c'est-à-dire que les conversations suivies et générales sont défendues ; mais le silence absolu est impossible, surtout dans une maison de femmes : il faudrait les bâillonner. On remarque que les détenues qui travaillent avec plus d'ardeur et qui remplissent le mieux leur tâche sont celles qui chantent en travaillant. Le chant est le meilleur moyen d'obtenir le silence ; lorsqu'une détenue chante dans un atelier, toutes ses compagnes se taisent.

Mont-Saint-Michel. — Oui, et c'est un très-grand bien.

Nîmes. — Le silence n'est point rigoureusement prescrit dans les ateliers. On tolère quelques causeries de voisin, pourvu que ces conversations ne compromettent pas le bon ordre.

Poissy. — On parle dans les ateliers, mais jamais haut ; celui qui fait le moindre bruit est aussitôt puni. En général, la décence règne dans les ateliers.

Rennes. — Le silence est prescrit, mais pas toujours strictement observé : il faudrait de petits ateliers ou salles de discipline pour faire travailler séparément les bavards.

Riom. — Il est prescrit et observé, mais non pas d'une manière absolu ; ce serait impossible. D'ailleurs les conversations publiques ne sont pas dangereuses.

9e QUESTION.

Le travail en commun favorise-t-il la corruption des détenus ?

Beaulieu. — Au moyen du silence, le travail en commun ne peut favoriser la corruption des condamnés; il doit produire au contraire un bon résultat. Il crée l'émulation et il adoucit les mœurs des prisonniers, qui apprennent à se rendre des services réciproques.

Cadillac. — Les grands ateliers ne favorisent pas la corruption. Plus on a de témoins, plus on est retenu dans ses actions.

Clairvaux. — On ne le pense pas. On parle peu dans les ateliers et peu aussi dans les dortoirs. Les conversations ne s'établissent qu'aux heures de récréation.

Clermont (Oise). — Le travail en commun étant soumis à une surveillance plus directe ne donne lieu à aucun moyen de corruption.

Embrun. — Non.

Ensisheim. — Non, grâce à la surveillance qui y est exercée.

Eysses. — Oui; mais le danger peut être amoindri par une surveillance sévère.

Fontevrault. — Oui.

Gaillon. — La réponse ne peut être qu'affirmative. Le travail en commun est une école mutuelle de vice, à moins que le silence absolu ne soit prescrit. Les plus corrompus, les plus vicieux sont les instituteurs; ils forment bien vite des élèves qui rivalisent en dépravation avec leurs maîtres.

Haguenau. — Le travail en commun, au lieu de favoriser la corruption des détenues, me paraît au contraire l'empêcher : la surveillance réciproque qui naît de la communauté prévient la contagion, qui se communiquerait au contraire facilement dans les petits comités. Il est facile d'en juger par la marche que suit la corruption : on la voit toujours fuir les yeux de la masse et chercher l'isolement.

Limoges. — Le travail en commun est plus propre à la corruption qu'à l'amendement des détenus.

Loos. — C'est le contraire; il stimule le courage, il excite l'amour-propre, il nuit à l'exécution des projets de débauche, en ce qu'il en facilite presque toujours la découverte.

Melun. — Le travail en commun n'a rien qui favorise, à mon avis, la corruption. Les détenus y étant continuellement sous les yeux des gardiens et des contre-maîtres libres, il ne peut se rien passer dans les ateliers de contraire aux mœurs. Ensuite, n'étant pas tous vicieux au même degré, on serait bientôt instruit de ce qui peut ou doit s'y passer de mal.

Montpellier. — Le travail en commun dans les maisons centrales fournirait un aliment à la corruption des détenues, si une surveillance active n'y mettait obstacle; mais lorsque cette surveillance existe, les tentatives de corruption ne sont nullement à craindre dans ces réunions de travailleurs.

Mont-Saint-Michel. — Non, si le silence y est bien observé.

Nîmes. — Le moindre de nos ateliers contient cent travailleurs. Si cette réunion présente quelque danger pour la contagion, et on peut y remédier par une surveillance rigoureuse, elle offre d'un autre côté l'avantage de provoquer l'émulation et de faciliter l'apprentissage.

Poissy. — Non; il excite l'émulation, facilite l'apprentissage : le seul inconvénient que l'on pourrait trouver aux ateliers nombreux serait la difficulté d'y maintenir l'ordre dans les moments de révolte et de coalition; mais on y parvient par une bonne police.

Rennes. — Oui : il faudrait de grands et de petits ateliers; dans ces derniers on placerait les plus mauvais détenus.

Riom. — Non; les détenus sont trop en vue dans les ateliers, et sous une surveillance trop immédiate pour qu'ils osent essayer d'y faire des actes contraires aux mœurs.

10e QUESTION.

Les ateliers de six, huit, dix ouvriers vous paraissent-ils préférables aux grands ateliers.

Beaulieu. — Non; moins il y a de condamnés réunis, mieux ils s'entendent. Dans les grandes réunions, des indiscrétions divulguent toujours les complots, ainsi que tout ce qui pourrait s'y passer contre les mœurs. Dans un grand atelier, la surveillance est à la fois exercée par le fabricant, le contre-maître libre, les surveillants détenus et les gardiens, et, ce qui n'est pas moins utile, tous ces agents se surveillent entre eux.

Cadillac. — La surveillance des petits ateliers serait bien difficile, à moins qu'on n'eût un très-grand nombre de gardiens.

Clairvaux. — Non; l'établissement de petits ateliers serait la négation de toute surveillance efficace, non-seulement parce que cette surveillance serait plus difficile pour les gardiens, mais parce que ceux-ci ont eux-mêmes besoin d'être surveillés.

Clermont (Oise). — Non; la surveillance et l'inspection y seraient plus difficiles, et les moyens de conserver l'ordre ou de réprimer les insoumissions, les désobéissances, moins faciles et moins prompts; il y aurait d'ailleurs moins d'émulation.

Embrun. — Tout au contraire : une surveillance exacte et rigoureuse peut seule empêcher le détenu de mal faire, et comment l'établir dans de petits ateliers, à moins d'un nombre infini de gardiens? En chargera-t-on des détenus? Je n'ai pas foi à ce moyen.

Ensisheim. — Ils sont aussi bons que les autres; tout est avec une bonne surveillance.

Eysses. — Au contraire.

Fontevrault. — Il est évidemment plus difficile de faire observer le bon ordre et le silence dans les grands ateliers que dans les petits. La contagion corruptrice serait moins dangereuse dans ces derniers, où les mutineries et les séditions deviendraient presque impossibles. Le système de division en petits ateliers offrirait en outre l'avantage bien désirable et bien précieux de favoriser des classifications salutaires en même temps que la salubrité.

Gaillon. — Il faut distinguer : si les professions que l'on exerce isolent les prisonniers et exigent de grands espaces, comme la tisseranderie, la filature, etc., les grands ateliers sont préférables; mais à l'égard des professions pour l'exercice desquelles les ouvriers peuvent se grouper, tels que tailleurs d'habits, faiseurs de chaussons, etc.; il faudrait préférer les petits ateliers. Du reste, il vaut mieux de grands ateliers avec surveillance que des petits sans surveillance.

Haguenau. — Non; la surveillance, faute de gardiens, serait impossible dans les petits ateliers; et il s'y formerait d'ailleurs trop facilement des camaraderies funestes aux mœurs et au bon ordre. J'en ai fait souvent l'observation.

Limoges. — Oui, sous ce rapport que la corruption y serait moins facile : mais à côté de cet avantage se trouve aussi l'inconvénient qui en résulte pour l'industrie et pour la surveillance, qui doit être bien plus difficile.

Loos. — Assurément non ; et je ne puis comprendre quel avantage on pourrait en retirer : d'abord, la corruption y aurait plus de chances ; les tentatives de complots ou d'évasions s'y calculeraient avec plus de sécurité, et leur surveillance exigerait un nombre bien plus considérable d'employés.

Melun. — Non ; la corruption y serait bien plus facile. Livrés en quelque façon à eux-mêmes, faute de gardiens, les détenus se livreraient fréquemment à des actes honteux.

Montpellier. — Non ; il faudrait pour un grand nombre de petits ateliers un grand nombre de gardiens : d'ailleurs le local d'un grand atelier est toujours mieux aéré, plus sain. Les dispositions des métiers sont plus faciles et l'ordre mieux établi.

Mont-Saint-Michel. — Les grands ateliers paraissent avoir plus d'avantage : ils entretiennent l'émulation, si le silence y est gardé ; ils habituent insensiblement les détenus à supporter avec calme et patience les petits inconvénients du voisinage, à se prêter mille petits secours mutuels, à rester paisibles dans l'état de société.

Poissy. — Non ; la surveillance y serait plus difficile et plus dispendieuse.

Rennes. — Oui, s'ils n'étaient pas trop dispendieux.

Riom. — Oui et non : oui, s'il pouvait y avoir un gardien dans chaque atelier ; non, si un seul gardien doit en surveiller un certain nombre.

CHAPITRE IV. — *DORTOIRS.*

1re QUESTION.

On reproche aux Dortoirs communs de favoriser des relations vicieuses, de les rendre en quelque sorte inévitables : jusqu'à quel point ce reproche est-il fondé?

Beaulieu. — Si les localités sont bien disposées et si la police est bien faite, on peut éviter que les dortoirs communs favorisent les relations immorales. Pourvu que les condamnés soient bien surveillés, on obtient les avantages de l'isolement sans s'exposer à ses inconvénients. Les dortoirs de Beaulieu se prêtent parfaitement à une surveillance exacte et continue. Des galeries à claire-voie règnent le long de chaque dortoir, et des regards pratiqués à l'extrémité des pièces permettent de voir les détenus sans en être aperçu.

Cadillac. — Les dortoirs communs peuvent avoir quelques inconvénients; mais on exagère le mal. Des mesures d'ordre et de police peuvent beaucoup atténuer le danger des réunions pendant la nuit.

Clairvaux. — Les habitudes immorales sont plutôt apportées du dehors que contractées dans les prisons. En effet, 1° les détenus atteints de ces vices sont dans la proportion de 20 pour 100, quant aux habitants des villes, et de 8 pour 100, quant aux habitants de la campagne; 2° pour les récidivistes, bien plus habitués aux prisons que les autres, la proportion n'est que de 10 pour cent; elle est de 11 1/2 pour les non-récidivistes; 3° les criminels à longues peines offrent la proportion de 11 3/4 pour cent; elle est de plus de 12 pour les correctionnels, qui d'ailleurs étant moins connus, et étant des hommes plus nouveaux, comptent peut-être plus d'infâmes que les relevés n'en mentionnent.

Du reste, il est indubitable que les relations vicieuses doivent être singulièrement favorisées par une habitation commune dans des dortoirs que le vice de leur construction met à l'abri d'une surveillance non interrompue.

Clermont (Oise). — Le reproche fait aux dortoirs communs de rendre presque inévitables les relations immorales ne paraît pas fondé.

Embrun. — Ce reproche n'est que trop fondé; les dortoirs communs rendent inévitables les habitudes immorales, en ce qu'il est impossible de les y prévenir ou empêcher.

Ensisheim. — La corruption existe dans les dortoirs communs; mais ce reproche est souvent exagéré.

Eysses. — Quoique chaque détenu ait son lit, les relations immorales et vicieuses existent.

Fontevrault. — Les dortoirs de Fontevrault sont beaucoup trop grands, puisqu'ils sont disposés pour 50, 60, 80 et jusqu'à 180 lits : les inconvénients de ce vice de distribution sont d'autant plus graves, que dans la construction des dortoirs les moyens de surveillance ont été complétement négligés.

Gaillon. — On s'écarterait de la vérité si l'on niait l'inconvénient des dortoirs communs, sous le rapport des mœurs; mais cela tient à des causes dont voici le remède : 1° classer les détenus selon leur degré de moralité; 2° espacer les lits; 3° confier la surveillance des dortoirs à des gardiens ou à des détenus d'une moralité éprouvée; 4° bien éclairer les dortoirs.

Haguenau. — En thèse générale, les dortoirs en commun fournissent des facilités pour les actions immorales; mais ce reproche me paraît plutôt fondé sur les inductions du raisonnement que sur une observation particulière à la maison d'Haguénau.

Limoges. — Les dortoirs communs favorisent tous l'immoralité.

Loos. — Les dortoirs communs n'entraînent aucun des dangers qu'on leur reproche sous le rapport des mœurs ou de la sûreté de l'établissement; mais, pour cela, il faut de toute indispensabilité qu'ils soient largement éclairés durant la nuit, et surveillés par le moyen des distributions architecturales qu'il serait partout facile de combiner.

Melun. — Il est bien difficile que deux individus corrompus couchant l'un à côté de l'autre ne commettent point de ces actes honteux qui échappent à toute surveillance et à toute punition, par le secret et les ombres qui les environnent.

Les grands comme les petits dortoirs ne seront jamais un frein à la corruption.

Montpellier. — Les dortoirs communs des femmes sont plus difficiles à surveiller que ceux des hommes, parce que les gardiens ne peuvent ni ne doivent y pénétrer dans la nuit, à moins d'événements extraordinaires; mais avec une police et une contre-police bien organisées, qui veillent sur les actions des détenues pendant la nuit, et qui rendent compte tous les matins de ce qu'elles ont vu et entendu, le danger des dortoirs communs disparaît, ou du moins la violation de cet ordre n'est jamais impunie.

Mont-Saint-Michel. — Pour se livrer à leur immoralité, les détenus prennent toutes les précautions imaginables afin de s'environner d'ombre et de mystère : il n'y a rien qu'ils mettent autant de soins à cacher. La dernière chose dont ils avouent le mépris, c'est la pudeur. Avec ce fait, qui est incontestable, comment veut-on que les dortoirs communs puissent favoriser des inclinations vicieuses; comment peut-on dire que la dépravation en soit une conséquence inévitable? Quiconque a vu les prisonniers de près et longtemps peut soutenir, au contraire, que les dortoirs en commun, avec un bon système d'éclairage, sont le préservatif le plus sûr contre les passions vicieuses et la débauche.

Nîmes. — Il en est des dortoirs comme des ateliers; le moins grand contient une centaine de détenus. C'est pendant la nuit que les relations immorales sont le plus fréquentes; plus le dortoir est grand et plus la contagion du vice est à redouter.

Poissy. — Ce qui amène le plus de prévenus dans les maisons centrales, c'est la débauche; or, les dortoirs communs la favorisent : les ombres de la nuit et l'absence de toute surveillance cachent mais n'empêchent pas leurs turpitudes.

Rennes. — Oui.

Riom. — Quoique chaque condamné ait son lit particulier, les dortoirs communs favorisent les relations vicieuses et les rendent en quelque sorte inévitables.

2e QUESTION.

Avez-vous remarqué qu'il se passât plus de désordres dans les grands Dortoirs que dans ceux qui ne reçoivent qu'un petit nombre de detenus, 8 ou 10, par exemple?

Beaulieu. — On doit éviter avec le plus grand soin de les réunir en petit nombre dans ces dortoirs : on s'oppose plus aisément aux relations vicieuses dans les grands dortoirs que dans les petits.

Cadillac. — Les petits dortoirs ne remédieraient pas aux abus qu'on veut empêcher.

Clairvaux. — Dans les grands dortoirs, il est impossible qu'un commerce immoral entre tel ou tel prisonnier existe longtemps sans être connu : aussitôt connu, aussitôt dénoncé. Dans les petits dortoirs, au contraire, la majorité peut être corrompue ou intimidée; ceux de 8 à 10 lits seraient bientôt le siége de petites réunions fort peu régulières.

Au 1er avril, le nombre des détenus notés par la corruption de leurs mœurs était de 148, et les punitions pour atteinte aux mœurs, depuis le 1er janvier 1831 (2 ans 2 mois), n'était que de 18. Le mal n'est donc pas aussi grave qu'on le suppose, et les mesures prises pour l'empêcher ne sont pas sans efficacité.

Clermont (Oise). — Il a été remarqué que les dortoirs les plus nombreux étaient les moins exposés aux dangers de l'immoralité, par une surveillance plus générale.

Embrun. — Les petits dortoirs sont préférables; ils offrent plus de sécurité pour la sûreté de la maison, préviennent les évasions et fournissent plus de moyens de diviser les suspects; toutefois, ils favorisent davantage, sinon les actions, du moins la contagion de la parole.

Ensisheim. — Non.

Eysses. — Dans presque tous les dortoirs, il existe des condamnés entachés de ces vices; aussi les grandes chambres sont préférables, parce qu'il est plus difficile d'y commettre ces actions sans être aperçu que dans les petites où peuvent se trouver réunis des hommes tous enclins à la même passion.

Fontevrault. — On ne saurait révoquer en doute que les grands dortoirs sont plus susceptibles de favoriser les désordres de tous genres que ceux qui ne renfermeraient que 10 détenus, par exemple, où il serait certainement plus aisé d'empêcher les relations immorales, soit par une surveillance alors plus efficace, soit par une plus grande facilité de mutations d'un dortoir à l'autre.

Gaillon. — Non, lorsque les grands dortoirs sont bien éclairés et bien surveillés.

Haguenau. — Les causes de désordre sont l'occasion et le défaut de surveillance : or, ces deux causes s'exercent bien davantage dans les dortoirs nombreux. Il n'en serait pas de même dans des dortoirs de 10 à 15 détenus.

Limoges. — L'immoralité est moins grande dans les grands dortoirs que dans les petits, parce que dans les premiers se trouve nécessairement un plus grand nombre d'individus, à portée de voir et d'entendre, que dans les derniers, où le sommeil s'empare plus facilement du petit nombre et donne ainsi toute facilité à ceux qui veulent se livrer à leurs brutalités. Mais ce qu'on ne peut empêcher dans les uns ni dans les autres, ce sont les conversations toutes dégoûtantes d'impiété et de corruption.

Loos. — J'ai remarqué le contraire : les plus vicieux parviennent presque toujours à se réunir, à se grouper dans les mêmes dortoirs, quelque soin que l'on mette à l'empêcher, et alors ils se livrent sans réserve à leurs turpitudes.

Melun. — Dans les grands dortoirs, il ne peut jamais s'y passer que des actes isolés; tandis qu'un petit dortoir deviendrait le théâtre d'actes de débauche entre tous les individus y couchant, et qu'il deviendrait alors impossible de connaître ceux qui se livrent plus particulièrement à leurs honteux penchants.

Montpellier. — Il y a dans la maison centrale de Montpellier trois grands dortoirs; l'un contient 100 lits et les deux autres 70 chacun. Il y a aussi d'autres dortoirs qui ne reçoivent qu'un petit nombre de détenus (5, 9, 12, 15, 26, 29 et 32 lits) : le même ordre, la même décence, le même silence, la même propreté règnent dans les uns comme dans les autres, parce que les moyens de surveillance sont disposés en raison de l'étendue de chaque dortoir.

Mont-Saint-Michel. — Il y a des inconvénients aux grands dortoirs; mais ce n'est point sous le rapport de la corruption animale. Il en est une autre non moins dangereuse qui s'y développe souvent, c'est celle du cœur, et qui naît des conversations et des conseils perfides : pour la prévenir, il faudrait placer les plus corrompus dans des chambrées particulières : ils ne pourraient se gâter, ils le sont déjà.

Nîmes. — Plus le dortoir est grand et plus la contagion du vice est à redouter.

Poissy. — Il n'y a pas de si petits dortoirs à Poissy, mais on pense que les dortoirs de 8 à 10 détenus seraient encore plus défavorables à l'amélioration des mœurs, parce que les mauvais détenus y feraient plus aisément la loi et y corrompraient sans peine ceux qui les entourent.

Rennes. — Non: Il n'y a pas de petits dortoirs.

Riom. — Les grands dortoirs facilitent plus le désordre que ceux qui ne peuvent contenir qu'un petit nombre d'individus. Le prévôt, dans les grands dortoirs, ne peut voir ni entendre ce qui se passe d'un bout de la salle à l'autre. Dans les petits au contraire, il surveille plus facilement les détenus de la chambrée : d'un autre côté, la santé des détenus et la sûreté de la maison seraient mieux garanties dans les petits dortoirs, que l'on peut aérer, tenir propres et surveiller plus aisément.

3e QUESTION.

La corruption des mœurs est-elle plus fréquente parmi les condamnés des villes que parmi les autres, parmi les hommes que parmi les femmes?

Beaulieu. — Ce honteux penchant existe peu dans les habitudes des condamnés des campagnes. Ce sont des condamnés de Paris qui ont donné dans la maison l'exemple des relations vicieuses dont on parle.

Cadillac. — La corruption est beaucoup plus commune parmi les condamnées des villes; on a déjà dit que la plupart avaient commencé par la prostitution.

Clairvaux. — La proportion des hommes corrompus appartenant aux villes était de 20 sur 100, et seulement de 8 pour 100 pour les habitants des campagnes.

Le nombre des femmes notées pour l'infamie de leur mœurs était au 1er avril dernier de 21 sur 389, c'est-à-dire comparativement beaucoup moindre que celui des hommes. Cependant je crois que la proportion réelle est plutôt plus forte que moindre, parce que la plus grande partie des femmes détenues a débuté par la prostitution, et que les plus effrontées sont les seules qui soient connues et qui n'échappent pas aux investigations des gardiens-hommes, investigations qui ne peuvent et ne doivent pas être très-particulières.

Clermont (Oise). — On ne peut répondre à cette question. La maison de Clermont est une maison de femmes, et il y a un très-petit nombre de détenues de la campagne.

Embrun. — On n'a pas remarqué que les détenus des campagnes fussent plus ou moins corrompus que ceux des villes. Les femmes ont plus de vivacité et d'emportement dans leurs habitudes immorales.

Eysses. — Parmi les condamnés des villes la corruption est beaucoup plus répandue que parmi ceux des campagnes.

Fontevrault. — Les campagnards sont moins dissolus que les habitants des villes; la corruption des mœurs est plus effrénée chez les femmes, dont le plus grand nombre a débuté dans la carrière du vice par la prostitution.

Gaillon. — Les détenus des villes sont consommés dans la connaissance et la pratique de tous les vices, tandis qu'il reste aux campagnards quelque pudeur. Il y a de la ressource chez ces derniers, tandis qu'il faut renoncer à tout espoir de réformation pour les premiers. Les femmes sont encore plus corrompues que les hommes.

Haguenau. — Les campagnardes sont moins corrompues que les habitantes des villes, qui ont été presque toutes filles publiques.

Limoges. — Les condamnés des villes se livrent à l'immoralité beaucoup plus que ceux des campagnes, et les femmes avec plus de passion que les hommes.

Loos. — Les habitants des villes sont toujours plus corrompus que ceux des campagnes; ceux-ci commettent des crimes; les premiers commettent des délits, et l'expérience est là, qui prouve que les correctionnels sont plus pervertis que les criminels.

Les femmes sont plus prédisposées à l'effervescence des sens; les hommes se livrent avec passion aux mêmes vices; mais ce sera plus ou moins, pour les uns comme pour les autres, selon qu'une surveillance plus ou moins rigoureuse sera exercée à leur égard. La honte est le remède le plus salutaire à opposer à ces débordements.

Melun. — Tous les genres de corruption se trouvent à un plus haut degré chez les condamnés qui viennent des villes. Les deux sexes ne paraissent pas valoir mieux l'un que l'autre. S'il n'y a pas plus d'immoralité chez les femmes, il y a moins de honte. Elles cachent bien moins leurs attachements, s'y livrent avec plus d'emportement et bravent plus ouvertement les punitions. Cependant chez les hommes, quelques-uns portent si loin le cynisme, qu'ils affectent toutes les manières d'une femme et ne sont même connus que sous des noms de femmes parmi leurs compagnons de captivité.

Montpellier. — La corruption des mœurs est plus ou moins grande, en raison du temps que les détenues ont passé dans leur vie libertine et vagabonde, et selon que la force de leur tempérament les pousse au vice. On n'a pas encore des données assez précises pour établir la différence et le degré de perversité qu'il peut y avoir entre les condamnés des villes et ceux des campagnes.

Mont-Saint-Michel. — Les villes fournissent presque tous les correctionnels, et c'est dans cette classe de condamnés que se trouve la corruption poussée à ses derniers degrés; il s'en trouve aussi sans doute chez les habitants des campagnes, mais il n'y a aucun rapport à établir entre les uns et les autres.

Les femmes sont plus corrompues; pour elles, il n'y a plus de bornes; leurs débordements vont quelquefois jusqu'à la fureur.

Poissy. — Non. La maison de Poissy renferme peu de campagnards.

Rennes. — La corruption est bien plus fréquente chez les condamnés des villes que chez les autres.
Il y a plus de mauvaises habitudes chez les femmes que chez les hommes.

Riom. — La corruption des mœurs est plus fréquente parmi les détenus des villes que parmi ceux des campagnes.

4e QUESTION.

Pensez-vous que l'établissement de cellules pour le coucher rendît la corruption moins grande et fût une amélioration réelle, importante, alors que les réunions dans les ateliers, les réfectoires et les préaux seraient maintenues?

Beaulieu. — L'établissement de cellules, qui causerait de si grandes dépenses, ne serait pas une amélioration importante, puisqu'il est possible sans cellules d'empêcher la corruption des mœurs.

Cadillac. — Le système cellulaire ne remédierait pas entièrement aux habitudes vicieuses.

Clairvaux. — Les actes immoraux ne peuvent guère être consommés que dans les dortoirs. L'établissement de cellules pour le coucher serait donc une amélioration réelle, non pas en ce sens qu'elle empêcherait la dépravation du cœur et de l'imagination, mais en ce sens qu'elle s'opposerait à la consommation de l'acte coupable; mais l'importance de cette amélioration ne serait pas en raison des dépenses qu'elle occasionnerait. Une bonne surveillance serait tout aussi efficace que l'emploi des cellules.

A l'égard des femmes, les cellules auraient des inconvénients tout aussi graves que ceux que présente l'état actuel, si leur surveillance était attribuée à des gardiens : elle devrait être confiée à des femmes et à des personnes bien élevées, et pour les avoir telles, il faudrait les bien payer.

Embrun. — L'isolement pendant la nuit serait encore une amélioration réelle, importante.

Ensisheim. — L'isolement complet pourrait couper court au commerce scandaleux d'immoralité qui existe dans nos maisons, dans les petits comme dans les grands dortoirs.

Eysses. — L'établissement des cellules pour le coucher diminuerait peu la corruption, si les réunions avaient lieu dans les ateliers, les réfectoires et les préaux.

Fontevrault. — Le système cellulaire pour le coucher offrirait sans contredit des garanties plus certaines contre les relations immorales; mais outre qu'il serait impraticable, à moins de décupler le nombre des gardiens, on a exagéré ses avantages et dissimulé ses inconvénients, entre autres celui du danger des maladies subites exigeant de prompts secours, que personne ne serait à portée de réclamer pour les détenus solitaires.

Gaillon. — Non; si les grands dortoirs offrent un classement moral de détenus, s'ils sont bien éclairés, bien surveillés, et si les lits sont espacés entre eux.

Haguenau. — L'établissement des cellules ne serait pas une amélioration. Les murs des cellules seraient bien moins un obstacle qu'une protection pour l'immoralité. Ce système offrirait d'autres difficultés : 1° la propreté serait plus difficile à obtenir; 2° on ne pourrait pas facilement porter secours aux détenues atteintes de mal subit, et les cas n'en sont pas rares; 3° l'isolement, en produisant la crainte, multiplierait ces maux.

Limoges. — L'établissement des cellules serait une amélioration réelle; il garantirait les mœurs, la santé, la vie même.

Loos. — L'adoption du système cellulaire n'a d'autre but réel que d'accroître incommensurément les charges du trésor, dans le seul désir de pousser jusqu'à ses dernières limites l'essai du système pénitentiaire d'outre-mer.

Melun. — Oui. Dans sa cellule, le condamné couché seul, s'il n'a point de penchants vicieux, ne sera point entraîné par les mauvais exemples et par les mauvais conseils. La réunion dans les dortoirs est l'école mutuelle du vice. C'est là que se projettent pour l'avenir les délits et les crimes.

Montpellier. — Au lieu de détruire la corruption, le système cellulaire la rendrait plus facile. On voit fréquemment des condamnés se faire mettre exprès au cachot pour s'y livrer à l'aise à leurs habitudes vicieuses.

Mont-Saint-Michel. — Des dortoirs bien surveillés, bien éclairés, ont plus d'avantages que les cellules, dans lesquelles les détenus pourraient se livrer sans contrainte à un vice non moins funeste, sous le rapport de la santé, que tout ce qu'on semble redouter de la réunion des détenus dans les dortoirs. Ce vice, exposé au voisinage de tous les regards, serait moins fréquent dans les dortoirs communs.

Nîmes. — Oui.

Poissy. — L'établissement des cellules pour le coucher rendrait la corruption bien moins grande. C'est dans les dortoirs que les détenus racontent leurs hauts faits et qu'ils enseignent aux inexpérimentés leur code infernal. Si chaque condamné avait sa cellule de nuit, les détenus tranquilles se réjouiraient de cette mesure, qui les mettrait à l'abri des vengeances des mauvais sujets, et ces derniers, n'ayant plus d'influence sur les faibles, se verraient forcés de se corriger pour adoucir leur position. Alors les réunions dans les ateliers, les réfectoires, les préaux n'offriraient plus que peu de danger.

Rennes. — L'établissement des cellules pour le coucher serait une amélioration importante; elle éteindrait la corruption et rendrait impossibles les relations immorales. Si le local ne permettait pas d'établir pour tous des cellules, il serait à désirer qu'il y en eût au moins pour le tiers ou la moitié de la population.

Riom. — Avec des cellules solitaires, non-seulement le sommeil serait plus paisible et la sûreté de l'établissement plus grande, mais encore les complots deviendraient impossibles. Alors la corruption serait personnelle au détenu corrompu, et la contagion, qu'aucune surveillance ne saurait détourner, cesserait d'être à craindre. L'isolement de la nuit est donc un moyen de prévenir les vices horribles dont les prisonniers se souillent dans leurs dortoirs.

5e QUESTION.

Des mesures ont-elles été prises pour séparer, pendant la nuit, les hommes et les femmes évidemment corrompus ou dangereux des autres condamnés, et quelles sont ces mesures?

Beaulieu. — Les localités ne permettant pas de les isoler, ils ont été placés dans les dortoirs les plus nombreux, et ce moyen a parfaitement réussi.

Cadillac. — Oui. En plaçant les jeunes filles à côté des femmes chez qui les passions sont éteintes, on est sûr d'être informé de toutes les relations vicieuses. Lorsque des femmes se recherchent, on les sépare pendant la nuit et même pendant le jour.

Clairvaux. — On sépare les hommes en leur assignant des dortoirs différents. Les moyens de remédier au mal sont beaucoup plus difficiles au quartier des femmes; on se borne à mettre en surveillance les plus corrompues et à réunir les plus jeunes dans un même dortoir, où une vieille femme connue depuis longtemps par sa bonne conduite est chargée de les surveiller.

Clermont (Oise). — Les plus corrompues sont disséminées et isolées dans ceux des dortoirs où la surveillance peut être plus facile.

Embrun. — Des prévôts sont établis pour la surveillance de nuit. On réunit les plus jeunes condamnés dans des dortoirs particuliers; on fait changer de dortoir aux autres : on ne peut guère prévenir le mal qu'en mêlant les bons et les mauvais détenus; l'un garde l'autre, système détestable, mais sûr.

Eysses. — On sépare pendant la nuit, autant que possible, les condamnés les plus vicieux en les dispersant dans plusieurs dortoirs; mais la disposition des localités ne facilite pas la surveillance.

Fontevrault. — Les hommes et les femmes dont les passions libertines sont reconnues ou suspectées sont retirés des dortoirs où ils pourraient avoir des complices et disséminés dans ceux des vieillards, où ils sont l'objet d'une surveillance toute particulière.

Gaillon. — Les mesures prises consistent, 1° dans la séparation absolue des enfants avec les adultes; les jeunes filles sont placées sous la tutelle des détenues, mères de famille, dont la conduite est la plus régulière; 2° les plus mauvais sujets sont entièrement séparés des autres et privés de la cantine, sauf pour le tabac.

Haguenau. — Dans un dortoir sont placées ensemble les femmes les plus âgées.

Dans un autre (c'est le petit dortoir) sont les jeunes détenues de 22 ans et au-dessous.

Dans les autres dortoirs, sont les autres détenues.

S'il survient quelque désordre, on punit le coupable et on le fait passer dans tel ou tel dortoir, selon les circonstances.

Loos. — Chaque fois que des détenus sont surpris en flagrant délit de débauche, on les punit selon la gravité des cas.

On fait placer les plus corrompus *un par un* dans les dortoirs de 12 à 15 lits, où se trouvent réunis les meilleurs sujets de la maison.

Les châtiments qui ont le plus réussi ont consisté à faire raser les délinquants en présense de leurs camarades, à les faire revêtir de mauvais habits, à les isoler des tables communes, à défendre aux prisonniers de leur adresser la parole et de se promener avec eux.

Melun. — Quand on s'aperçoit qu'une intimité trop grande s'établit entre deux détenus, on les sépare; on les met, le jour, sous la surveillance d'un gardien, et, la nuit, sous celle d'un prévôt dont on soit à peu près sûr.

Pour combattre ce vice, on a rasé les individus notoirement convaincus; le lendemain, 30 détenus s'étaient coupé les cheveux.

Sur le rapport du prévôt d'un acte immoral commis dans le dortoir, la punition est d'un mois de cachot; mais toutes les mesures sévères échoueront devant la fougue de l'âge et les habitudes du vice. Le seul moyen vraiment efficace sera la cellule solitaire.

Montpellier. — Dès qu'une tentative de désordre ou fait répréhensible est signalé, les coupables sont changées de dortoirs, et, autant que possible, éloignées les unes des autres. On fait placer dans les dortoirs communs, les prévôtes à côté des détenues les plus corrompues. Ces mesures sont indépendantes des punitions.

Nîmes. — On affecte un dortoir particulier aux hommes évidemment corrompus; les prévôts surveillent, les gardiens font des rondes de nuit.

Poissy. — On n'a pas encore de quartier spécial de punition. On sépare le détenu corrompu de son camarade, en les plaçant chacun dans un dortoir différent.

Rennes. — La distribution de la maison ne permet pas de séparer les détenus corrompus des autres condamnés. Les individus soupçonnés sont surveillés avec plus de soin; on les divise dans les dortoirs et les ateliers.

Riom. — Quand on soupçonne que quelques détenus ont entre eux des rapports vicieux, on met dans deux dortoirs éloignés les deux compagnons de débauche et on les place sous une surveillance plus spéciale.

CHAPITRE V. — *PUNITIONS.*

1re QUESTION.

S'il existe un quartier de punition dans votre maison, à quel régime les détenus y sont-ils assujettis?

Beaulieu. — Il n'existe pas de quartier de punition. Il ne doit pas être sans danger de mettre ensemble des hommes que rien n'a pu réduire, et qui, ainsi abandonnés et repoussés, doivent finir par désespérer d'eux-mêmes et s'exciter mutuellement à persister dans la voie du crime. Un pareil quartier serait un affreux repaire.

Cadillac. — Il n'en existe pas; il n'y a que des cachots, au nombre de trois.

Clairvaux. — Le régime spécial auquel sont soumis les individus classés au quartier de punition a eté déterminé par un arrêté de M. le préfet de l'Aube, en date du 8 février 1832. Ce régime spécial n'a rien de bien sévère, et sous quelques rapports il est encore adouci dans la pratique.

Clermont (Oise). — Un quartier dit *de punition* avait été établi dans un local particulier, pour y tenir séparées les femmes indisciplinées : cette séparation était de jour et de nuit. On leur donnait des travaux de couture et de garantie. Ce quartier a été supprimé comme nuisible à l'ordre.

Embrun. — Il n'y a point de quartier de punition; ce nom ne peut être donné à trois petits cabinets bien clairs, à côté de la salle de police et du corps de garde des gardiens, et dans lesquels les détenus en punition communiquent non-seulement entre eux, mais encore par les croisées avec ceux qui circulent dans la cour d'entrée.

Ensisheim. — Il y a une chambre pénitentiaire, située au milieu des bâtiments de la prison, parfaitement abritée, mais isolée d'une manière absolue. Le prisonnier y couche et y travaille toujours seul; il a ses promenades dans une cour déserte, sous la surveillance d'un seul gardien, auquel il est défendu de parler au détenu autrement qu'en cas de nécessité.

Eysses. — La maison d'Eysses n'a pas de quartier de punition affecté aux condamnés les plus corrompus et les plus indisciplinés; il n'y a que trois cachots et les cellules solitaires sans travail, ce qui est insuffisant aux besoins de la maison.

Fontevrault. — Il n'existe point de quartier de punition dans la maison, à moins de donner ce nom à cinq cellules dites *solitaires,* où l'on renferme les détenus qui se livrent à des voies de fait ou des menaces violentes, les immoraux, les vénériens, les joueurs incorrigibles. Leur lit en est retiré tous les matins et remplacé par un rouet pour filer des étoupes de chanvre. Le produit de ce travail est mis à leur masse. La durée de cette punition est indéterminée et subordonnée à la conduite. Ils ont les vivres ordinaires, et seulement du pain et de l'eau lorsqu'ils refusent de travailler.

Gaillon. — Isolément absolu; point de conversation, même avec les gardiens; point de travail.

Haguenau. — Il n'y a point de quartier de punition.

Limoges. — Il n'y a point de quartier de punition.

Loos. — Il existe, depuis le 7 janvier (1834), un quartier dit de punition; on y relègue les plus mauvais sujets. Il faudrait, de rigueur, que ce quartier fût disposé en cellules.

Il faudrait que tout condamné au régime du quartier de punition y demeurât jusqu'à ce qu'il eût donné des preuves non équivoques de l'amélioration de sa conduite. Il faudrait aussi stipuler un régime alimentaire plus sévère : aussi, en l'état, le quartier de punition, loin d'avoir tourné à l'avantage de l'ordre et de la décence, a été nuisible.

Melun. — Il n'y a point encore de quartier de punition. Le plan en est arrêté.

Montpellier. — Il n'y a point de quartier de punition.

Mont-Saint-Michel. — Il y a un quartier de punition, séparé de tous les autres autant que le permettent les localités. Là sont réunis tous les hommes sur lesquels les punitions ordinaires n'ont eu aucune puissance. Ils y restent quelquefois sans travail; on leur en donne, lorsque c'est possible. Ces hommes, tous presque également corrompus, tous regardés comme incorrigibles, placés ainsi vis-à-vis d'eux-mêmes, offrent à l'œil du spectateur les faits les plus remarquables.

Nîmes. — Il n'y a point de quartier de punition.

Poissy. — Il n'y a point de quartier de punition; la construction en a été autorisée.

Rennes. — Il n'existe point de quartier de punition.

Riom. — Il n'existe point de quartier de punition.

2ᵉ QUESTION.

Sert-il efficacement, sinon à corriger, au moins à inspirer une crainte salutaire?

Clairvaux. — Il ne sert pas à corriger les mauvais sujets qu'on y envoie; les cinq sixièmes de ceux qu'on en fait sortir, sur des apparences d'amendement auxquelles on croyait pouvoir se fier, y sont rentrés pour des méfaits nouveaux, la plupart avant deux ou trois mois. Il inspire une crainte salutaire au plus grand nombre des mauvais détenus; mais en quoi il est principalement utile, c'est en faisant prédominer l'influence des bons, qui, assurés de ne pas avoir longtemps les mauvais, comme ils disent, *sur le dos*, ne les craignent plus, les contrecarrent ouvertement dans toutes leurs tentatives de désordre, et les dénoncent au besoin, sans prendre la peine de s'en cacher.

Clermont (Oise). — Un quartier de punition avait été établi pour les femmes indisciplinées : il a été supprimé, parce qu'il fut bientôt reconnu que, loin de s'améliorer dans leur conduite, les détenues réunies dans ce local de punition s'encourageaient entre elles dans la résistance au travail et aux bons conseils de l'administration ; elles s'abandonnaient même plus librement aux désordres et à l'immoralité.

Embrun. — On ne pense pas qu'un quartier de punition pût avoir l'effet de corriger les détenus, dans ce sens qu'ils s'abstinssent du mal par principe ; mais cette mesure intimiderait certainement.

Ensisheim. — La chambre pénitentiaire fait la terreur des détenus ; peu de détenus y ont encore été condamnés. Ce moyen de répression est salutaire pour la discipline intérieure de la maison, pourvu qu'il soit exercé avec humanité et qu'on ne jette pas dans un délire frénétique les malheureux qui sont ainsi isolés.

Gaillon. — Son effet est toujours la soumission des coupables ; il agit comme moyen d'intimidation.

Loos. — Il ne corrige ni n'intimide ; au contraire, il est envié par les mutins.

Melun. — On pense que lorsqu'il sera établi, ce sera une amélioration pour la police intérieure de la maison.

Montpellier. — Il n'y a point de quartier de punition.

Mont-Saint-Michel. — Les détenus deviennent calmes et dociles dans le quartier de punition, de violents qu'ils étaient, mêlés à une population moins vicieuse qu'eux. Ce changement veut dire que la crainte de la punition l'emporte sur le désir de se livrer à des faits qui la provoqueraient.

Nîmes. — Il n'y a point de quartier de punition.

Poissy. — *Idem.*

Rennes. — *Idem.*

Riom. — *Idem.*

3ᵉ QUESTION.

Depuis que le quartier de punition est établi, y a-t-il plus d'ordre et de décence dans l'établissement ?

Clairvaux. — Il y a incomparablement plus d'ordre et de décence dans la maison centrale depuis l'établissement du quartier de discipline ; le nombre des punitions a diminué des deux tiers environ.

Clermont (Oise). — Lorsque le quartier de punition était établi, il y avait moins d'ordre et de décence, non pas dans l'établissement, mais dans le quartier lui-même ; il eût fallu des cellules séparées. L'autorité vient de les accorder.

Embrun. — On présume qu'un quartier de punition établirait plus d'ordre et de décence dans l'établissement.

Ensisheim. — L'expérience est trop nouvelle pour répondre d'une manière positive.

Gaillon. — On a obtenu la soumission des mauvais sujets.

Loos. — Non ; au contraire : c'est que le quartier de punition n'est pas disposé en cellules et que le régime n'est pas assez sévère.

Mont-Saint-Michel. — Oui.

4e QUESTION.

Quel est l'effet de la reclusion solitaire, avec ou sans travail?

Beaulieu. — Elle rend laborieux ceux qui la subissent; elle agit sur la masse des prisonniers, qui ne redoutent rien tant qu'un long isolement. La reclusion solitaire n'est infligée qu'aux paresseux et aux hommes dangereux et indisciplinés. Ceux-ci subissent l'emprisonnement solitaire jusqu'à l'expiration de leur peine.

Cadillac. — Il n'y a point de cellules pour faire subir la reclusion solitaire.

Clairvaux. — Il est extrêmement divers; c'est selon le caractère des individus. Ses effets généraux se succèdent dans l'ordre suivant :

Première période. Abattement allant quelquefois jusqu'à la stupéfaction.

Deuxième période. Exaltation violente, se manifestant chez les uns par l'expression véhémente du regret et d'instantes supplications d'abréger la reclusion imposée; chez les autres, par des cris et des actes de colère, et faisant naître des idées de suicide chez plusieurs.

Troisième période. Calme chez tous; soumission apparente chez le plus grand nombre; chez les autres, silence morne ou dédaigneux, et expression de bravade dans les gestes et l'air du visage; puis abattement encore plus marqué que dans la première période, et retour ordinaire et dans le même ordre des phénomènes ci-dessus notés.

La reclusion solitaire sans travail est un remède violent, dangereux, incertain, demandant à n'être employé qu'avec une extrême circonspection; et tout règlement qui aurait la prétention, en l'infligeant comme punition, d'en limiter la durée selon la gravité de la faute, serait un règlement essentiellement mauvais.

La reclusion solitaire avec travail ne semble pas un moyen *de punition*. . . . Si cette espèce de reclusion se prolongeait longtemps, et si seulement, ce qui n'est pas improbable, un centième des détenus venait à s'habituer à ce genre de vie, tout l'effet de la répression, de l'intimidation, serait infailliblement perdu.

Clermont (Oise). — La reclusion solitaire sans travail a paru le moyen le plus puissant de répression.

Embrun. — L'intimidation.

Ensisheim. — Elle ne peut produire qu'un très-bon effet.

Eysses. — La reclusion solitaire sans travail, qui est la seule qui puisse être mise en usage dans la maison, doit être considérée comme moyen d'intimidation et de répression. Elle effraie les hommes qu'elle atteint; ils peuvent, selon les caractères, y devenir fous au bout de huit jours; mais il en est sur qui la reclusion solitaire, même sans travail, pendant deux mois, ne ferait aucune impression; ce sont ceux qu'une paresse complète abrutit.

Gaillon. — L'effet de l'isolement absolu sans travail a été de dompter entièrement la résistance des mauvais sujets.

Haguenau. — L'effet de la reclusion solitaire serait l'amendement, si l'on pouvait atteindre directement, soit au moral, soit au physique, le vice que l'on veut corriger.

Melun. — L'établissement de quelques cellules solitaires, qui compte à peine trois ou quatre mois, ne permet pas d'avoir une opinion bien prononcée à cet égard : toutefois on pense que les cellules solitaires devront avoir une influence favorable sur la conduite des détenus; mais on est d'avis que ceux des détenus qui auront mérité d'y être retenus fort longtemps doivent y avoir du travail.

Montpellier. — Il n'y a pas de cellules solitaires.

Mont-Saint-Michel. — Sur leur demande, ont été placés dans les cellules solitaires des hommes qui ne pouvaient plus supporter la société d'individus dont ils ne sont guères différents; ils s'y trouvent moins sombres, moins mécontents; si on peut leur donner du travail, ils sont plus ouverts et mieux disposés : ils sont laissés dans cette position assez de temps pour qu'ils en soient fatigués et qu'ils éprouvent le besoin d'un changement plus marqué.

Rennes. — On considère la reclusion solitaire, avec ou sans travail, comme nécessaire, sous le double rapport de la correction et de la répression.

Riom. — Il existe aujourd'hui dans la maison dix cellules solitaires. Quand les détenus y sont renfermés, ils ne travaillent point; ils sont complétement isolés : mais cette reclusion solitaire ne les corrige point; elle sert seulement de frein momentané à la violence du caractère et à la méchanceté de quelques détenus.

5e QUESTION.

Considérez-vous la reclusion solitaire comme moyen de correction, *ou bien seulement comme moyen de* répression *et d'intimidation?*

Beaulieu. — La reclusion solitaire ne corrige pas; mais elle est un moyen de répression et d'intimidation d'autant meilleur qu'il n'a rien de cruel, et qu'il rend laborieux tous ceux qui la subissent. On peut par les châtiments réduire et intimider les mauvais sujets; mais ce n'est que par une longue habitude du travail et de l'ordre qu'on peut parvenir à en corriger quelques-uns.

Clairvaux. — On ne pense pas que la reclusion solitaire *corrige;* on serait plutôt porté à croire qu'elle *corrompt.*

La solitude, dit-on, apprend à penser. Elle apprendrait à divaguer à des condamnés, tous êtres grossiers, dont l'éducation est nulle, et qui ne perçoivent qu'avec difficulté les idées et même les sensations. Impuissante à corriger, la reclusion solitaire serait un assez bon moyen de répression et d'intimidation.

Clermont (Oise). — L'isolement est regardé par les détenues comme une peine très-sévère; elles le disent à leurs camarades en sortant de leur lieu de punition, et cet aveu intimide les autres et les retient plus exactement dans le devoir.

Embrun. — Comme moyen de répression et d'intimidation.

Ensisheim. — C'est un moyen de discipline.

Eysses. — Seulement comme moyen de répression et d'intimidation; ce ne pourrait être un moyen de correction que tout autant que l'on suivrait entièrement le mode adopté par les États-Unis.

Gaillon. — Seulement comme moyen de répression et d'intimidation.

Haguenau. — Comme moyen de répression et d'intimidation.

Loos. — A en juger par analogie, jamais aucune espèce de châtiment ne corrige celui qui le subit; il agit seulement à son égard comme répression, et par intimidation à l'égard des autres détenus.

Ce qui corrige, c'est l'instruction religieuse, morale et industrielle; car elle seule jette dans les âmes des semences régénératrices.

Montpellier. — On ne pense pas que la reclusion solitaire de jour et de nuit, avec ou sans travail, fût un moyen de correction; ce serait plutôt une cause de désespoir : mais infligée comme peine de discipline temporaire, elle pourrait être un moyen de répression et d'intimidation.

Mont-Saint-Michel. — La reclusion solitaire peut quelquefois être employée avec de grands avantages; mais il ne faut pas que cette peine soit éphémère; elle doit durer assez longtemps, et il ne faut pas l'user mal à propos. Si elle se fait craindre, elle sera un frein puissant.

Poissy. — Comme moyen de répression et d'intimidation.

Rennes. — Comme moyen de correction et de répression.

Riom. — Comme moyen de répression et d'intimidation.

6e QUESTION.

Quant aux cachots, je demande, 1° si les détenus y sont toujours renfermés seuls; 2° s'ils ont la facilité de se parler; 3° si on leur met les fers aux pieds et aux mains, et dans quel cas; 4° s'ils craignent cette sorte de punition?

Beaulieu. — Les cellules servent de cachots; ils y sont toujours renfermés seuls; ils ne peuvent parler entre eux qu'en élevant assez la voix pour être entendus de tout le monde, et alors ils sont punis sévèrement. Depuis quinze ans, on n'a pas fait usage des fers une seule fois; ils ne sont pas nécessaires; ces souffrances du corps ne sont propres qu'à irriter l'esprit.

Cadillac. — Les femmes sont renfermées seules dans les cachots; elles ne pourraient se parler qu'en criant; on ne fait jamais usage de fers. Peu de condamnées de la maison de Cadillac se font punir; les récompenses ont plus d'influence que les punitions.

Clairvaux. — Les détenus y sont toujours renfermés seuls: ils ont, en criant, toute la possibilité de s'entendre; mais le silence étant prescrit, ils s'exposent rarement à le violer.

On leur met rarement les fers aux pieds, et ce n'est point par punition, mais par mesure de sûreté.

Clermont (Oise). — Aucune détenue n'a subi la punition des fers aux pieds et aux mains.

Embrun. — La punition des fers est assez rarement infligée, on ne l'emploie que dans les cas de tentative d'évasion, d'insubordination accompagnée de voies de fait. Les mauvais garnements qui s'y exposent la redoutent peu. Cependant il est rare qu'après une huitaine de jours, ils ne supplient pas avec instances d'en être délivrés.

Ensisheim. — Les fers sont mis aux détenus dans des cas de violence, mais seulement aux pieds, et cette mesure est exécutée conformément aux dispositions de l'article 614 du Code d'instruction criminelle.

Nos cachots, qui sont placés à côté l'un de l'autre, ne sont nullement redoutés.

Eysses. — Les détenus sont enfermés seuls dans les cachots, autant qu'on le peut: lorsque le nombre des punis ne le permet pas, on est forcé de les réunir.

Les fers sont rarement mis aux condamnés; il faut des cas bien graves pour infliger cette punition, dont l'effet est terrible.

Fontevrault. — A moins de circonstances extraordinaires, les détenus sont toujours seuls dans les cachots; ils peuvent se parler en élevant la voix. On leur met les fers aux pieds ou aux mains pour cause de violence, voies de fait, actions immorales. Quelques-uns redoutent beaucoup cette sorte de punition; d'autres y sont insensibles.

Gaillon. — Les détenus sont mis isolément en punition, tant que le nombre des hommes en punition n'est pas supérieur au nombre des cachots; ils ont la possibilité de se parler entre eux. On fait usage des fers dans les cas de fureur ou de violence prévus par l'article 614 du Code d'instruction criminelle. Les détenus redoutent cette punition.

Haguenau.—Les détenues y sont enfermées seules : elles peuvent se parler. La punition du cachot est infligée les jours de fêtes et de dimanches, au lieu de l'être les jours de travail : cette mesure a produit d'heureux effets.

On ne met jamais les fers aux femmes.

Limoges. — Les cachots tiennent lieu de cellules : les detenus y sont seuls le plus ordinairement ; ils peuvent causer entre eux.

On ne leur met les fers aux mains que dans des cas graves ; s'ils résistent aux gardiens et veulent les frapper, on leur met les fers aux pieds ou le collier de force. Cette punition, la plus sévère de toutes, les oblige assez ordinairement à rentrer dans l'ordre. Elle fait impression même sur les plus furieux.

Loos. — Les détenus sont toujours, autant que possible, renfermés seuls au cachot.

A Loos, les cachots sont mitoyens et les détenus peuvent se parler, ce qui est très fâcheux.

On leur met les fers soit aux pieds soit aux mains, quand ils ont commis de graves délits. Cette punition est sans contredit celle qu'ils redoutent le plus, en ce que, outre la gêne, elle les humilie davantage.

Melun. — Les détenus sont seuls dans leurs cachots ; mais étant les uns à côté des autres, ils ont la facilité de converser continuellement ensemble, et c'est ce qui rend cette punition illusoire, à moins qu'elle ne soit longue. L'hiver, ils craignent un peu plus les cachots ; mais l'été, ils en plaisantent les premiers, en disant qu'ils vont à leur maison de campagne.

On emploie fort rarement les fers aux pieds ou aux mains : cette punition est réservée pour les cas les plus graves.

Montpellier. — Pour éviter de les mettre ensemble autant qu'on peut, on fait subir aux détenues leur peine successivement. Elles ont le moyen de se parler.

On ne leur met les fers que très-rarement, et seulement dans les cas de rébellion : elles craignent les fers, et la menace qu'on leur en fait suffit le plus souvent pour les ramener au devoir.

Mont-Saint-Michel. — Les cachots sont en trop petit nombre pour qu'il soit possible d'y renfermer seuls les détenus, et c'est là un grave inconvénient.

On met les fers aux pieds et aux mains, dans les cas de violence.

On ne peut pas affirmer que les détenus craignent cette punition. Ils ont un moyen de se les faire ôter ; c'est, par un frottement suffisant, de produire, sur le bas de la jambe, un peu d'inflammation ou d'engorgement. Le médecin arrive, et on les ôte.

Nîmes. — Il y a deux cachots ou deux grandes pièces au rez-de-chaussée. Ils n'y sont pas renfermés seuls ; le local ne le permet pas. Les fers aux pieds ne sont en usage qu'en cas de rébellion et de blessures envers les agents de la surveillance.

Poissy. — Il y a neuf petites cellules qui n'ont de cachot que le nom ; elles sont loin de suffire à la police de l'établissement. Les détenus y sont renfermés seuls ; ils peuvent se parler. On ne leur met les fers que dans les cas les plus graves ; c'est la seule peine qu'ils craignent.

Rennes. — Les détenus ne peuvent pas être renfermés seuls : on ne met les fers que dans les cas les plus graves; ils les craignent.

Riom. — Les détenus sont renfermés seuls, mais ils peuvent se parler. On n'a jamais eu l'occasion de mettre les fers : la reclusion solitaire y a suppléé.

7ᵉ QUESTION.

Quelles sont les infractions que vous avez habituellement à réprimer? Est-ce le vol, l'insubordination, le refus de travailler, etc., etc.?

Beaulieu. — Le refus de travail, accompagné d'actes d'insubordination; peu de vols.

Cadillac. — L'insubordination, les disputes; peu de vols.

Clairvaux. — Les punitions roulent presque toutes sur le refus de travail ou d'obéissance, et les querelles qui s'élèvent parfois entre les détenus, gens toujours prompts à se prendre aux cheveux.

Clermont (Oise). — Vols, commis entre les détenues ou sur les effets appartenant aux confectionnaires d'ouvrages dans les ateliers; mais encore plus souvent querelles entre elles, surtout pour cause de jalousies, nées d'affections plus ou moins prononcées les unes envers les autres.

Embrun. — Jeu, fabrication de dez, vols, escroqueries, trafics, batteries, insubordination, paresse, refus de travail, et l'ivresse, qui accompagne presque toujours les autres infractions.

Ensisheim. — Les cas d'infraction les plus habituels sont les vols, les insubordinations, le refus de travail.

Eysses. — Le refus de travail, le vol, le jeu, les rixes entre les prisonniers sont à peu près les infractions habituelles qu'on ait à réprimer. L'insubordination est rare, l'immoralité est difficilement constatée. L'ivrognerie n'existe presque plus, depuis que l'on a fait mettre les deux cinquièmes d'eau dans le vin distribué à la cantine.

Fontevrault. — Les infractions les plus habituelles sont : l'insubordination, le refus de travail, la perte ou dégradation de matières et d'outils, les trafics, le jeu, les rixes, les correspondances amoureuses, les actions contre les mœurs, et les vols de pain et de menus effets.

Gaillon. — Beaucoup de condamnés conservent un penchant invincible pour le vol; il y en a qui volent jusqu'à la tisanne des malades à l'infirmerie. L'insubordination est la tendance la plus constante chez les prisonniers; ils sont disposés à se plaindre de tout. Un très-grand nombre se font punir pour refus de travail, paresse ou mauvais travail. Le jeu est une de leurs passions dominantes; il y en a qui jouent jusqu'à leur pain. L'usure existe, mais elle se découvre difficilement : ils gardent, à cet égard, un silence absolu. Le libertinage est en progrès.

Haguenau. — Les infractions à réprimer sont dans une échelle descendante : les batteries, l'insubordination, le refus de travail et le vol.

Limoges. — Le refus de travail dans la belle saison, les dilapidations d'ouvrages. L'insubordination est assez rare ; le vol, chez les hommes, est plus rare que chez les femmes ; mais les tours de filouterie sont plus fréquents chez les premiers que chez les dernières. L'ivrognerie est aussi une cause fréquente de punitions.

Loos. — Cela dépend absolument de l'état moral dans lequel se trouve placé l'établissement, et cet état varie selon les circonstances.

1° Si la maison est en désordre, les infractions ordinaires sont les violences, l'insubordination, les bris des galiotes, des métiers, des outils ; des chants impudiques.

2° Si l'ordre est rétabli par des mesures sévères, si les détenus se trouvent domptés, ils tombent alors dans une prostration morale : plus de révoltes, d'insubordination, mais accroissement des passions sensuelles et des actions immorales ; ivrognerie, impudicité, vol, rarement refus de travail.

3° Si alors l'influence des institutions religieuses et morales et des récompenses est mise en jeu et réussit, les punitions deviennent rares et ne retombent plus que sur les mêmes individus, c'est-à-dire sur ceux qui ont le plus d'énergie pour le mal.

Melun. — Les punitions les plus fréquentes sont l'infraction légère à la subordination, les vols, soit de matières appartenant à l'entreprise, soit entre eux, et surtout les refus de travail, et les voies de fait et batteries.

Montpellier. — Les infractions les plus fréquentes sont les disputes entre détenues, le vol de matières, le refus de travailler, les mal-façons, par suite de caprice ou mauvaise volonté ; quelques mauvais propos, l'insubordination.

Mont-Saint-Michel. — Les causes les plus ordinaires de punition sont le refus de travailler, l'amour des jeux de hasard et le vol. Les exemples d'insubordination sont peu fréquents dans les maisons centrales bien administrées, et la plupart du temps ces délits ne présentent aucune gravité ; mais la passion du jeu est surtout la cause des délits les plus graves.

Nîmes. — L'insubordination, l'ivrognerie et la fainéantise sont les infractions les plus fréquentes.

Poissy. — Ce sont habituellement le vol, l'insubordination, le refus de travailler, le trafic d'ouvrage, le jeu pendant les heures de travail, les voies de fait, la fainéantise, les faux rapports, les injures, menaces, l'ivresse, le recel d'objets, bris de métiers, etc.

Rennes. — Les infractions les plus fréquentes tiennent à l'ivrognerie, qui entraîne presque toujours les détenus à l'insubordination.

Le refus de travail est fréquent : il provient souvent de la jalousie qu'ils ont entre eux, à l'occasion de tel ou tel genre de travail plus ou moins avantageux, donné à tel ou tel.

Ils jouent au dez entre eux secrètement, et se volent assez souvent.

Riom — Toutes les punitions roulent sur une soixantaine d'individus ; vingt environ sont souvent punis pour insubordination. Presque tous ceux qui se refusent au travail sont employés dans des industries peu avantageuses, telles que le tricotage et la filature du chanvre.

L'ivrognerie est une cause assez fréquente de punition; le vol aussi; il est quelques détenus qui ont un esprit de rapine contre lequel échoue toute la sévérité de l'administration.

8ᵉ QUESTION.

Toute proportion numérique gardée, les prisonniers qui savent lire se font-ils plus fréquemment ou plus rarement punir que les détenus entièrement illettrés?

Beaulieu. — Il n'existe point de différence sensible dans le nombre relatif des punitions infligées aux uns et aux autres.

Cadillac. — Les femmes qui savent lire habitaient presque toutes des villes; ce sont les plus turbulentes et les plus effrontées.

Clairvaux. — La différence est légère, mais au désavantage des détenus qui savent lire.

Clermont (Oise). — La différence est peu sensible.

Embrun. — D'un côté, on a à punir moins d'individus sans instruction; d'un autre, ceux de cette catégorie qui se font punir se font punir plus souvent.

Ensisheim. — Les plus mauvais sujets de la maison sont ceux qui, après avoir reçu de l'éducation et de l'instruction, et tenu un certain rang dans la société, se sont dégradés et réduits à l'abjection de l'état de prisonniers.

Eysses. — Les filous les plus adroits sont en général les condamnés les plus intelligents, et presque les seuls qui aient de l'instruction.

Fontevrault. — Jusqu'à ce jour, les punitions ont atteint beaucoup plus d'illettrés que d'individus sachant lire et écrire. Sur 490 punis en 1833, seulement 69 savaient lire et écrire.

Gaillon. — Les condamnés les plus instruits sont aussi les plus insubordonnés.

Haguenau. — 100 détenues illétrées ont mérité cent vingt-quatre punitions; 100 détenues sachant lire et écrire en ont mérité quatre-vingt-quatre.

Limoges. — Les détenus qui savent lire donnent beaucoup plus de peine et sont punis bien plus souvent que les illettrés.

Loos. — Ceux qui ne savent qu'un peu lire et écrire sont, faute d'une première éducation religieuse, les plus mauvais sujets et se font plus souvent punir. Ceux qui ont acquis un certain degré de savoir littéraire sont les sujets les plus dangereux et s'exposent plus rarement aux punitions.

Melun. — Les punitions se balancent assez également entre ceux qui savent lire et écrire et ceux entièrement illettrés. Cette balance se soutiendra toujours, parce que les punitions sont infligées presque continuellement aux mêmes sujets.

Montpellier. — Les détenues étant toutes également ignorantes, on ne peut pas juger de l'influence de l'instruction sur elles.

Mont-Saint-Michel. — Il ne faut pas de grandes recherches pour acquérir la preuve que, toute proportion numérique gardée, les prisonniers qui savent lire et écrire, mais surtout ceux qui ont reçu une demi-éducation, se mettent plus fréquemment dans le cas d'être punis que ceux qui sont entièrement illettrés; mais ils savent mieux cacher leurs fautes. La paresse est aussi un des fruits de leur caractère.

Riom. — Les détenus entièrement illettrés se font plus souvent punir que ceux qui ont reçu un commencement d'instruction.

9e QUESTION.

Existe-t-il une différence essentielle entre la conduite des criminels *et celle des* correctionnels? *Les uns sont-ils plus laborieux, plus soumis, et ont-ils de meilleures mœurs que les autres?*

Beaulieu. — Il y a des hommes dangereux parmi les correctionnels comme parmi les criminels. Les correctionnels, en général, sont même les plus vicieux; cette classe de condamnés fait surtout métier du vol; elle compte beaucoup d'anciens forçats. C'est rarement parmi les correctionnels qu'on trouve des condamnés dignes d'être recommandés à la clémence royale. Parmi les criminels, il se rencontre beaucoup d'hommes qui ont succombé à la violence de leurs passions ou aux besoins d'une nombreuse famille.

Cadillac. — Les correctionnelles sont plus insubordonnées que les criminelles. Les criminelles se font plus rarement punir; elles sont plus réservées, plus tranquilles, moins communicatives et plus faciles à conduire.

Clairvaux. — En général les criminels sont moins turbulents, plus soumis et plus laborieux que les correctionnels.

Quant aux mœurs, la différence n'est pas appréciable.

Clermont. — La différence est trop peu sensible pour l'assigner numeriquement

Embrun. — En général les criminels sont plus laborieux, plus soumis, plus faciles à conduire que les correctionnels.

Ensisheim. — En général, on remarque beaucoup plus d'indocilité et de penchant à la paresse et au désordre parmi les correctionnels que parmi les criminels. Ceci paraît un paradoxe, mais c'est le résultat de l'observation.

Eysses. — La conduite des criminels et des correctionnels offre peu de différence. Les premiers montrent en général plus d'aptitude au travail, mais leurs mœurs sont plus généralement corrompues.

Fontevrault. — On a toujours observé qu'il y avait plus de vices et de dépravation chez les correctionnels que chez les criminels.

Gaillon. — Il n'est pas douteux que les criminels se conduisent beaucoup mieux que les correctionnels, sous tous les rapports.

Haguenau. — Les criminelles sont plus assidues au travail que les correctionnelles : leurs mœurs sont à peu près les mêmes.

Limoges. — La conduite des criminels est bien meilleure que celle des correctionnels : les premiers sont plus soumis, plus laborieux que les derniers, qui sont en général filous, débauchés, paresseux.

Loos. — Cette différence existe en effet essentiellement, et toute à l'avantage des criminels. Cette vérité a été constatée en Prusse, en Allemagne, en Suisse, en Angleterre, aux États-Unis, et doit l'être en France aujourd'hui.

Melun. — Les correctionnels généralement sont plus turbulents et craignent moins les punitions, par la conviction qu'ils ont qu'ils atteindront toujours le terme de leur condamnation, qui est de 2, 3 ou 5 ans.

Quant aux mœurs, elles ne valent pas mieux chez les uns que chez les autres.

Montpellier. — En général la conduite des criminels est plus régulière que celle des correctionnels. Les criminels étant plus calmes, moins remuants que les correctionnels, sont plus laborieux et moins indociles; mais en général les uns et les autres n'en sont pas moins incorrigibles.

Mont-Saint-Michel. — La corruption chez les correctionnels est poussée à ses dernières limites.

Nîmes. — Il n'y a point de différence.

Rennes. — Les condamnés à des peines légères et de peu de durée montrent plus d'insubordination que ceux condamnés à une longue détention.

Riom. — Les criminels se conduisent mieux et se livrent au travail avec plus de zèle que les correctionnels.

10e QUESTION.

Est-il vrai que la réunion des criminels et des correctionnels dans les ateliers, dans les préaux, dans les réfectoires et dans toutes les autres localités qui sont encore communes aux deux classes, dans la plupart des Maisons, ait des inconvénients graves sous le rapport de l'ordre et des mœurs?

Beaulieu. — Non; pourvu que la police soit bien faite par de bons gardiens, et que les localités permettent de ne jamais perdre de vue les condamnés.

Cadillac. — Les correctionnelles étant plus dangereuses que les criminelles, aucun bien ne résulterait, pour les premières, de leur séparation.

Clairvaux. — On ne s'est jamais aperçu que la confusion existant dans les maisons centrales entre criminels et correctionnels eût quelque inconvénient sous le rapport de l'ordre, et il y en aurait d'assez graves dans une classification qui les séparerait absolument. D'abord, d'énormes dépenses à faire pour l'apropriation des bâtiments; ensuite les frais de surveillance infiniment plus considérables, et enfin une géne beaucoup plus grande apportée à la confection à bon marché des travaux industriels.

Clermont. — Il serait à desirer que les détenues récidivistes et criminelles fussent séparées en tout temps, de jour et de nuit, des simples délinquantes.

Embrun. — Si la réunion des criminels avec les correctionnels peut avoir des résultats fâcheux, c'est pour les premiers (récidive à part).

Ensisheim. — Le contact des correctionnels et des criminels dans les ateliers n'est guère dangereux; car un silence sévère y est observé. Leurs dortoirs sont dans des quartiers distincts. Ils se promènent également dans des préaux à part, et ce n'est que dans les moments de distribution de cantine qu'il y a confusion; mais alors la rivalité est tellement active, qu'ils n'ont le temps de penser à autre chose, que d'aller aux ordres.

Eysses. — Oui, sans doute; à cause des conversations immorales qu'ils ont entre eux.

Fontevrault. — En s'occupant de la classification des condamnés, il serait mieux d'avoir égard à leur moralité qu'à la nature de leurs délits.

Guillon. — Non; l'inconvénient n'est pas aussi grand qu'on se plaît à le représenter.

Haguenau. — On ne le pense pas.

Limoges. — Non; toutefois la séparation aurait pour avantage d'empêcher les imbécilles campagnards d'être dupes des détenus des villes, correctionnels et filous.

Loos. — Oui; mais tous ces inconvénients disparaîtraient sous l'influence d'un bon personnel administratif.

Melun. — S'il y avait danger dans la réunion des criminels et des correctionnels, ce serait plutôt pour les premiers que pour les seconds, et surtout pour les pauvres campagnards que les autres achèvent de pervertir.

Montpellier. — Les uns et les autres sont également corrompus.

Mont-Saint-Michel. — La réunion des condamnés dans les ateliers et aux réfectoires n'a pas le plus léger inconvénient; mais il n'en est pas ainsi des dortoirs et des préaux. Il est donc désirable qu'on puisse établir une division entre les condamnés, non entre les criminels et les correctionnels, mais en prenant pour base des deux catégories la moralité et la conduite des uns et des autres.

Nîmes. — Non.

Rennes. — Toute réunion nombreuse dans une maison centrale devient nuisible à l'ordre et aux mœurs, à moins qu'on n'ait les moyens de séquestrer les mauvais sujets.

Riom. — La séparation des correctionnels et des criminels est une très-belle chose en théorie. Mais il est inutile de la mettre en pratique, parce que, dans ces deux catégories de condamnés, il y a des individus qui ont atteint le même degré de corruption. La séparation devrait se faire d'après la moralité.

CHAPITRE VI. — *CONDAMNÉS EN RÉCIDIVE.*

1re QUESTION.

Le régime actuel avec ses dortoirs et ses ateliers communs, ses moyens de punition; avec une répartition unique des produits du travail, sans acception de la nature des peines ni de la moralité des condamnés; avec les mêmes vivres, le même coucher, en un mot, avec les mêmes avantages pour tous, ce régime vous paraît-il suffisamment répressif *pour les condamnés en récidive et les criminels des divers degrés?*

Beaulieu. — Le régime actuel, bien appliqué, est propre à produire tous les effets qu'on peut raisonnablement attendre du meilleur système pénitentiaire; car il ne faut pas prétendre réformer la société dans les prisons. On ne pourrait rien ajouter au régime alimentaire sans blesser la morale publique, ni rien en retrancher sans nuire à la santé des prisonniers. Mais, pour les condamnés en état de récidive, on pourrait diminuer de moitié les deniers de poche, au profit de la masse de réserve.

Cadillac. — Souvent les dernières condamnations sont moindres que les premières. Il faudrait un régime plus sévère pour les condamnés en récidive. On pourrait notamment diminuer leurs deniers de poche pour accroître leur masse de réserve.

Clairvaux. — Sur 655 condamnés en récidive qui, au 1er avril 1834, se trouvaient détenus dans la maison, 115 seulement étaient réputés fonder leurs principaux moyens d'existence sur l'habitude du vol.

506 coupables de nouveaux crimes ou délits contre les propriétés, ou de vagabondage, étaient réputés n'avoir agi que dans l'unique but de retourner en prison, pour y trouver des moyens d'existence assurés et une vie plus facile;

34 étaient coupables de crimes ou délits qui ne paraissaient avoir eu pour mobile, ni le désir d'être réintégrés dans la prison, ni celui d'occuper indûment la propriété d'autrui;

Enfin, il était constant que parmi les 115 détenus de la première catégorie, 17 au moins avaient déclaré à différentes époques qu'ils n'avaient pris aucun soin pour éviter les poursuites de la justice, désireux qu'ils étaient de revenir passer un ou deux ans dans la maison centrale, pour y remettre leur santé délabrée par la débauche.

Il résulte de ces faits que le régime des maisons centrales ne se distingue pas par *l'influence répressive* qu'il exerce sur ceux qui le subissent.

Clermont (Oise). — La communauté des détenues dans les ateliers, les réfectoires, les dortoirs et surtout les préaux, influe puissamment, par la présence des condamnées en récidive, sur la difficulté d'amélioration de conduite de celles qui subissent une première condamnation, surtout dans le jeune âge et pour des délits punis de peines correctionnelles.

Embrun. — Le nombre des récidives s'accroît d'une manière effrayante. L'excès du bien-être dans les prisons y contribue vraisemblablement beaucoup. On a trop fait pour les détenus.

Ensisheim. — Notre système actuel n'est pas assez répressif; il faudrait des maisons spéciales pour les récidivistes et un régime plus sévère.

Eysses. — L'ascendance des récidives provient en grande partie de la perversité des détenus. En reconnaître toutes les causes serait impossible; mais un fait certain, c'est que pour beaucoup de détenus la prison a des charmes, et qu'ils y trouvent des jouissances dépravées qui sont tout pour eux. Le régime actuel n'est pas assez sévère.

Fontevrault. — Il n'est que trop vrai que le nombre des récidives est en progression ascendante depuis plusieurs années. Il serait possible que quelques-unes pussent être attribuées, en partie, au régime trop doux, pour certains sujets, de nos maisons centrales.

Les voleurs de profession savent qu'un sort aussi favorable que celui des ouvriers libres les attend dans les maisons centrales, où la loi et les règlements n'autorisent pas un traitement plus sévère pour l'individu couvert de crimes, qui en serait à son dixième jugement, que pour celui qui subit la condamnation d'une première faute.

On pense que le régime actuel de nos maisons centrales n'est point assez répressif pour les condamnés en état de récidive.

Caillon. — Assurément non : tant que les libérés trouveront moins d'avantages dans leur position d'hommes libres que dans leur prison, ils ne craindront pas d'y rentrer; aussi, a-t-on, dans la maison, plusieurs détenus qui y subissent leur quatrième condamnation. Ces récidives tiennent principalement à deux causes : l'une, à ce que les libérés ne trouvent pas à s'employer, l'autre, à ce qu'ils ne veulent pas se livrer au travail. Cette dernière cause est favorisée par le régime trop doux de nos prisons, où un trop faible travail est exigé.

Haguenau. — On ne pense pas que la répression doive être aggravée sous le rapport matériel, c'est-à-dire des vivres, du coucher et du domicile. La séparation et un régime moral plus sévère semblent la seule gradation qu'il soit possible d'établir avec quelque succès.

Limoges. — Le régime actuel des maisons centrales, qui dans le fait ne sont, pour les récidivistes, que de véritables pensionnats, n'est aucunement répressif.

Loos. — Si on forme des récidivistes une catégorie séparée dans nos prisons actuelles, ou si on les renferme dans des prisons particulières, ce qui serait incontestablement mieux, on peut suivre à leur égard, comme à l'égard des autres condamnés, notre système actuel de dortoirs et d'ateliers communs. Le mode de punition doit encore être le même et suffit. La répartition du produit du travail, telle qu'elle a lieu maintenant, est pour toutes les catégories de condamnés un fort mauvais système, et il faut le refondre en entier. L'espèce de vêtement, de coucher, de nourriture doit, ainsi que tous les autres avantages, dépendre essentiellement de la conduite du prisonnier et demeurer à sa charge; à cette seule condition, les mesures de répression pourront avoir quelques succès sur leur mieux-être pour le présent, et leur sécurité et la nôtre pour l'avenir.

Melun. — Les maisons centrales effraient si peu les condamnés, qu'aussitôt le prononcé de leurs jugements, ils sollicitent comme une faveur d'y être transférés le plus promptement possible; leur correspondance en donne la preuve tous les jours.

Le système des maisons centrales est totalement insuffisant. Il ne met aucune différence entre les condamnés pour la première fois et ceux en récidive; il n'est nullement répressif pour ces derniers.

Montpellier. — Non; il faudrait un régime pénitentiaire moins doux. Les condamnés en récidive sont en général des êtres totalement dégradés : une forte intimidation peut seule agir sur eux.

Mont-Saint-Michel. — Le régime actuel n'est pas assez sévère. Dans nos maisons, les détenus sont nourris, vêtus, bien couchés; ils ont du travail, de l'argent. Le nécessaire en tout leur est largement donné : ils y reviennent avec plaisir; voilà la cause principale des récidives.

Nîmes. — Non.

Poissy. — Le régime actuel n'est pas suffisamment répressif pour les récidivistes incorrigibles; il l'est assez pour ceux qui reviennent en prison par suite de misère et autres causes semblables : toutefois, il faudrait un quartier de punition.

Rennes. — Non. Il faudrait de plus des quartiers de punition, la privation de la cantine, de la correspondance et des visites de leurs parents, et momentanément du pécule.

Riom. — Non. Les récidivistes sont trop bien dans nos maisons centrales : il faudrait un régime *ad hoc*, plus sévère; par exemple, un régime intermédiaire entre celui des bagnes et des maisons centrales.

2ᵉ QUESTION.

Il vous arrive fréquemment de voir rentrer dans la maison des individus qui en avaient été libérés une ou plusieurs fois. Quelles différences caractéristiques avez-vous remarquées dans leur conduite pendant la durée des dernières condamnations.

Beaulieu. — On reconnaît assez généralement si un condamné se mettra dans le cas d'être repris; il ne veut apprendre aucun état; il est paresseux et insubordonné. Quand il revient, il se met au travail sans être plus laborieux. Sa conduite est plus prudente; il évite les punitions. Si c'est un homme à passions vives, il devient quelquefois habile ouvrier; c'est ordinairement le cas des condamnés des villes. Si c'est un être élevé dans l'oisiveté et le vagabondage, il conserve son apathie et son insouciance; c'est ordinairement le condamné des campagnes. Tous sont plus soumis qu'ils ne l'avaient été pendant leur première captivité.

Cadillac. — Les femmes en récidive sont ordinairement ce qu'elles étaient pendant leur première captivité. S'il s'opère un changement, il est plutôt en mal.

Clairvaux. — Aucune.

Embrun. — C'est toujours dans leurs rangs que se rencontrent les meneurs d'une maison. Quoiqu'un peu inférieurs en nombre, ici du moins, les condamnés en récidive l'emportent par l'audace et le savoir-faire.

Eysses. — Aucune.

Fontevrault. — Leur conduite est assez régulière, l'expérience leur ayant appris qu'ils sont intéressés à en agir ainsi.

Gaillon. — Ils deviennent pires qu'ils n'étaient.

Haguenau. — Les détenues, en général, reprennent leurs habitudes : elles sont peut-être plus assidues au travail.

Limoges. — Leur conduite est en général bien meilleure : ils méritent souvent de remplir des emplois de confiance.

Loos. — Leur conduite est généralement bonne.

Melun. — La conduite des détenus en récidive est souvent meilleure dans la maison que celle des condamnés qui viennent pour la première fois; ils sont sûrs d'être bien reçus par les confectionnaires dans les ateliers desquels ils ont déjà travaillé, et d'en recevoir presque toujours des secours en attendant qu'ils aillent à la paye.

Montpellier. — Aucune : les détenues y apportent les mêmes vices, les mêmes habitudes et le même caractère.

Mont-Saint-Michel. — Il n'y a pas de différence bien marquée dans la conduite des condamnés en récidive pendant leurs différentes détentions.

Poissy. — On a remarqué peu de différences dans la conduite des récidivistes; en général, s'ils étaient mauvais pendant leur première détention, ils ne sont guère meilleurs pendant leur seconde.

Rennes. — Ils sont plus circonspects, par crainte de punition.

Riom. — Pendant la durée des dernières condamnations, ils sont toujours plus soumis et ils affectent souvent d'éprouver du repentir, mais ces démonstrations sont le résultat des calculs de leur hypocrisie; leur but est de s'attirer la bienveillance de l'administration et d'améliorer leur sort.

3e QUESTION.

Quel effet produit d'abord sur les condamnés en récidive leur réintégration dans l'établissement?

Beaulieu. — Les mauvais sujets sont honteux, mais c'est de n'avoir pas su échapper à la justice.

Clairvaux. — En général, un effet de satisfaction qu'on ne prend guère la peine de dissimuler qu'en présence du directeur ou de l'inspecteur.

Embrun. — C'est avec la plus grande indifférence qu'ils se voient réintégrés dans la prison; point de honte, point de larmes, point de tristesse. Ils semblent rentrer chez eux après une absence plus ou moins longue.

Eysses. — Ils rentrent au sein de la population de la prison avec la gaieté et le contentement que témoignent des parents sensibles, lorsqu'après une longue absence ils rentrent au sein d'une famille qu'ils affectionnent.

Fontevrault. — Les individus qui ont été libérés une ou plusieurs fois de la maison y rentrent souvent sans aucune honte.

Gaillon. — Il y en a quelques-uns qui paraissent honteux, mais c'est le bien petit nombre. L'on aperçoit chez les autres une impassibilité complète. Ils saluent leurs anciens camarades comme s'ils venaint de faire un voyage : ceux-ci paraissent tous satisfaits de les revoir; c'est ce qu'ils appellent de bons prisonniers.

Haguenau. — Lorsque des detenues arrivent dans l'établissement pour les deuxième, troisième et quatrième fois, elles sont honteuses et embarrassées pendant les premiers jours; il arrive quelquefois qu'elles sont huées dès qu'elles paraissent dans les préaux, c'est selon l'espèce de crime ou de délit qu'elles ont commis; au bout de quelques jours, elles reprennent leurs anciennes habitudes, et leurs camarades les laissent tranquilles.

Limoges. — Il est des détenus, mais c'est le petit nombre, qui cherchent à cacher, ce qui n'est guère possible, qu'ils soient déjà venus une première fois. Mais la plupart, et surtout les *voyageurs*, rentrent gaiement, s'informent de la santé des employés qu'ils ont connus et de celle de leurs camarades qu'ils avaient laissés à leur sortie.

Loos. — L'effet moral que leur retour dans l'établissement occasionne est de la plus funeste influence sur l'amendement de ceux qu'ils y retrouvent, parce qu'ils leur donnent la conviction intime que, rentrés dans la société, ils en sont repoussés, et qu'alors il leur est inutile de s'amender.

Melun. — Ils rentrent dans la maison sans y penser; ils n'éprouvent qu'un moment de honte quand ils se trouvent pour la première fois, à leur rentrée, en présence du directeur et de l'inspecteur, et se contentent de répondre aux reproches qu'on leur adresse : *Que voulez-vous? c'est un malheur; il passera comme un autre.*

8

Montpellier. — Elles se résignent à subir leur nouvelle position.

Mont-Saint-Michel. — Leur réintégration dans l'établissement ne produit pas sur eux d'effet sensible.

Nîmes. — Les récidives sont trop fréquentes pour causer la moindre sensation dans l'établissement.

Poissy. — Presque aucun.

Rennes. — Ils se conduisent un peu mieux.

Riom. — Ils rient avec les camarades qui leur reprochent leur maladresse; ils accusent la fatalité.

4e QUESTION.

Avec quels condamnés se lient de préférence les condamnés en récidive?

Beaulieu. — Dans une prison, tous les hommes corrompus se recherchent.

Clairvaux. — Avec d'anciens camarades. On n'a pas remarqué qu'à défaut d'anciens camarades, les récidivistes charchassent à établir entre eux des liaisons plus intimes qu'avec les autres détenus.

Embrun. — A moins qu'ils n'aient quelques vues particulières qui les portent à se lier avec des novices, c'est en général entre eux et avec leurs anciens camarades qu'ils se réunissent le plus volontiers.

Eysses. — Ils se lient avec ce qu'il y a de plus mauvais parmi leurs anciens amis et ceux venus pendant le court intervalle qu'ils ont passé dans la société.

Fontevrault. — Ils se lient de préférence avec leurs anciens camarades.

Gaillon. — C'est en général avec les plus mauvais sujets qu'ils se mettent en rapport.

Haguenau. — Elles commencent toujours par se lier avec leurs précédentes connaissances, et en font rarement de nouvelles, à moins que les anciennes ne soient plus dans l'établissement.

Limoges. — Ils se lient de préférence avec leurs anciens camarades.

Loos. — Ils se lient toujours avec ceux dont les antécédents sympathisent davantage aux leurs; mais de préférence avec ceux dont l'époque de la libération coïncide à peu près avec la leur.

Melun. — Ils renouent de préférence leurs anciennes liaisons.

Montpellier. — Le hasard semble toujours former leurs premières liaisons. Elles deviennent ensuite plus intimes d'ordinaire avec celles qui sont leurs plus proches voisines dans les ateliers.

Poissy. — Ils se lient de préférence avec leurs anciens camarades.

Rennes. — Les récidivistes qui ont habité la maison se lient de préférence avec leur anciennes connaissances. Ceux qui ont habité d'autres maisons se lient généralement avec les plus mauvais sujets.

Riom. — Ils se lient de préférence avec les condamnés qu'ils ont déjà connus, et principalement avec ceux qui se trouvent comme eux en récidive.

5e QUESTION.

Les condamnés en récidive sont-ils plus ou moins laborieux que les autres?

Clairvaux. — L'examen de leurs comptes courants pourrait donner à penser que, sous ce rapport, une légère différence existe en leur faveur; mais outre que cette différence est de bien peu, on doit la considérer comme nulle, lorsqu'on réfléchit que la plupart de ceux qui rentrent reprennent leurs anciennes occupations industrielles, et ont ainsi moins de temps à donner à l'apprentissage d'un métier.

Clermont (Oise). — La différence est insensible.

Fontevrault. — Ils sont quelquefois plus laborieux que les autres; c'est qu'ils ont sur les débutants l'avantage d'être délivrés du souci de faire un apprentissage, c'est-à-dire de travailler souvent à contre-cœur et presque gratis pendant plusieurs mois, et qu'ils se rappellent aussi le traitement qui est réservé aux insubordonnés.

Gaillon. — Ils sont ce qu'ils étaient pendant leur première détention, c'est-à-dire presque toujours ou fort paresseux ou très-insoumis : c'est principalement sous ce dernier rapport qu'ils ont fait des progrès pendant leur absence.

Haguenau. — Elles sont plus laborieuses et plus circonspectes.

Loos. — Cela dépend des circonstances ; mais en général il est extrêmement difficile d'inspirer l'amour du travail à des gens à qui l'on a donné d'avance la certitude qu'ils seront mieux en prison que chez eux.

Melun. — S'ils ont été laborieux pendant leur premier jugement, ils le sont encore pendant le deuxième, et assez généralement, s'ils ont été d'abord paresseux, ils le deviennent encore plus.

Montpellier. — On n'en distingue aucune par le plus ou moins d'application.

Mont-Saint-Michel. — Ils se livrent au travail comme auparavant.

Poissy. — Ils ne sont pas plus laborieux que les autres; mais en général ils ont l'avantage de connaître déjà un des métiers établis dans la maison, et par là d'être dispensés d'un nouvel apprentissage toujours peu lucratif.

Rennes. — Ils travaillent avec plus d'assiduité, surtout dans les premiers temps de leur réintégration ; mais lorsqu'ils ont quelque argent à leur masse, et que le temps de leur libération approche, ils se relâchent et travaillent moins : en général, presque tous les détenus font la même chose.

Riom. — Ils sont en général plus laborieux que les autres : la cause, c'est qu'ils savent déjà travailler, et qu'ils ont reconnu l'utilité d'une forte masse de réserve, qui leur permet de se livrer à toute espèce de débauche.

6e QUESTION.

Quelle est l'influence des condamnés en récidive ?

Beaulieu. — Aucune, si la discipline de la maison est sévère et si la surveillance est bien exercée.

Clairvaux. — Nulle ; et en général ils ne cherchent pas à en acquérir ; ce à quoi il serait d'ailleurs facile de mettre bon ordre.

Embrun. — Influence d'immoralité et de tyrannie.

Fontevrault. — Leur influence ne peut être que pernicieuse.

Gaillon. — Tous les mauvais sujets étant liés entre eux se soutiennent. Comme les récidiviste jouent un rôle parmi les mauvais, il en résulte qu'ils exercent une certaine influence sur tous les sujets corrompus, violents ou de mauvaises mœurs, parce qu'ils inspirent de la crainte aux faibles et qu'ils jouissent d'un crédit réel auprès des vicieux.

Haguenau. — Elles sont sans influence : il est rare qu'une condamnée pour une première fois cherche à se lier avec une récidiviste.

Loos. — Leur influence est empestée et contagieuse.

Melun. — Ils jouissent d'une certaine supériorité sur les autres détenus, en raison des condamnations qu'ils peuvent avoir subies ; mais l'influence n'est départie qu'à un très-petit nombre, ceux qui se sont fait une réputation par leur adresse et l'éclat de leurs délits.

Montpellier. — Nulle.

Mont-Saint-Michel. — Leur influence est funeste, dans ce sens que, familiarisés avec le crime, ils en vantent les perfides douceurs.

Poissy. — Ils n'ont d'autre influence sur leurs camarades que celle qu'ils pouvaient avoir lors de leur première détention.

Riom. — Quoique ordinairement les condamnés en récidive se conduisent mieux que les autres détenus, ils ont de l'influence sur la conduite de ces derniers, qui les regardent comme des oracles, et ont pour eux des égards et presque du respect.

Sans se mettre en avant, ils poussent sourdement les autres au désordre.

7e QUESTION.

Quelles sont les mœurs et les habitudes des condamnés en récidive?

Beaulieu. — Rien de particulier, sous ce rapport, ne les distingue des autres condamnés.

Cadillac. — Celles qu'elles avaient avant leur libération de la maison.

Clairvaux. — Leurs mœurs ne sont pas plus mauvaises que celles des autres détenus, et leurs habitudes paraissent les mêmes.

Embrun. — Par leur audace et leur savoir-faire, ils opprimeraient facilement la foule de ceux que la justice a atteints pour la première fois, si ce n'était le contre-poids et la surveillance des gardiens. Ils tiennent les jeux et dupent ceux que leurs leçons et leur exemple doivent bientôt rendre maîtres à leur tour. Un des inconvénients les plus graves est sans doute l'espèce de franc-maçonnerie qui s'établit entre les plus dangereux et qui, se prolongeant au dehors, entretient une société secrète au milieu de la société. C'est dans les prisons qu'elle se recrute.

Eysses. — La plupart se font un mérite de paraître plus vicieux qu'ils ne le sont.

Fontevrault. — Quelques-uns sont devenus plus hypocrites; presque tous reprennent à peu près leurs anciennes habitudes.

Gaillon. — Les récidivistes sont ordinairement des incorrigibles, sur lesquels les principes de moralité n'ont aucune influence; leurs mœurs sont presque toujours mauvaises et leurs habitudes crapuleuses; les habiles soufflent l'insoumission sans se mettre en évidence.

Haguenau. — A peu près les mêmes.

Loos. — Les mœurs sont assez douces chez quelques-uns de ceux que la misère et le défaut d'ouvrage ont contraints à faillir une seconde fois; corrompues chez ceux que le repentir n'avait point améliorés avant leur première libération; audacieuses et exécrables chez presque la totalité des forçats libérés.

Melun. — Leurs mœurs et leurs habitudes ne diffèrent en rien de celles des autres condamnés. Connaissant cependant mieux l'ordre et les usages des maisons centrales, ils s'y conforment plus strictement et se font plus rarement punir.

Montpellier. — Absolument les mêmes que celles des autres détenus.

Mont-Saint-Michel. — Les correctionnels, qui forment la masse des récidivistes, ont l'air d'arriver à leur maison de campagne pour s'y reposer. Leur parti est pris même avant leur nouvelle condamnation, et ils en subissent toutes les conséquences.

Nîmes. — A sa rentrée, le condamné reprend ses anciennes habitudes; on dirait qu'il ne fut absent que par congé.

Poissy. — Ils reviennent quelquefois avec des mœurs plus dépravées, par la fréquentation des nouvelles connaissances qu'ils ont faites pendant le temps qu'ils ont passé en liberté.

Leurs habitudes particulières sont ordinairement les mêmes.

Rennes. — Les mêmes que celles des autres détenus.

Riom. — Les récidivistes renferment en eux tous les vices des prisonniers. Leurs habitudes particulières consistent à se disputer le privilége de l'infamie et à se faire honneur de leurs forfaits.

8e QUESTION.

Y a-t-il des indices que, dans la prison, il se soit formé des liaisons entre détenus qui ne se connaissaient pas avant la condamnation, pour s'aider dans de nouveaux vols?

Beaulieu. — Il se forme des liaisons de cette nature, mais en très-petit nombre.

Cadillac. — Oui, mais en très-petit nombre.

Clairvaux. — Des liaisons de ce genre ne sont pas absolument improbables, quoiqu'elles n'entrent pas dans le caractère des malfaiteurs ainsi qu'on le pense communément. Les gens de cette sorte s'entendent fort bien entre eux, lorsque l'occasion de vol est actuelle ou prochaine; mais pour peu que cette occasion soit éloignée, l'accord est rompu avant que le moment d'exécuter arrive.

Embrun. — J'ai été consulté souvent par plusieurs procureurs du Roi pour savoir si des individus prévenus de vols s'étaient connus dans la maison, et j'ai toujours eu à répondre affirmativement.

Fontevrault. — Ce n'est que par les rapports des détenus, qui ne sont pas toujours dignes de foi, qu'on peut connaître les relations intimes et secrètes de leurs camarades. Il paraîtrait toutefois que des projets d'association auraient eu lieu, même entre détenus qui ne se sont connus que dans la maison.

Gaillon. — Cela arrive parfois : ce sont ordinairement les habitués des prisons qui séduisent les jeunes condamnés sans expérience, pour se les associer après leur libération, surtout ceux dans lesquels ils remarquent le plus de subtilité.

Haguenau. — Ces sortes de liaisons n'ont pas ordinairement lieu dans les maisons de femmes.

Limoges. — Si les récidivistes retrouvent leurs anciens camarades, ils se lient nécessairement entre eux et se donnent réciproquement des secours ; mais jusqu'alors on n'a pas connaissance qu'ils aient comploté pour s'aider dans de nouveaux vols : aucun jugement n'a fourni d'indices à ce sujet.

Loos. — Il y en a, sans doute, mais infiniment moins qu'on ne l'a supposé.

Melun. — Il n'est pas rare qu'ils s'associent ensemble pour commettre de nouveaux délits, mais il est fort difficile de préciser si l'association a été convenue dans la maison.

Montpellier. — Il est certain que les femmes condamnées pour la première fois comme celles qui sont en récidive ont contracté des habitudes vicieuses pendant leur séjour dans les prisons ; mais c'est plutôt dans les maisons d'arrêt que dans les maisons centrales qu'elles forment des liaisons dangereuses pour leur avenir. Leur correspondance en fait foi.

Mont-Saint-Michel. — Il est vraisemblable que, dans la prison, il se forme des liaisons entre des détenus qui ne se connaissaient pas avant leur condamnation, pour s'aider dans de nouveaux vols.

Nîmes. — Non.

Poissy. — Il n'est malheureusement que trop commun de voir des condamnés se lier avec des détenus qu'ils ne connaissaient pas avant leur condamnation, et d'en suivre tous les principes. C'est surtout dans les dortoirs communs qu'ils forment leur pernicieuse éducation et leurs affreux projets pour l'avenir.

Rennes. — Il y en a eu un exemple dans la maison.

Riom. — Il est certain que, dans la prison, il se forme quelquefois des liaisons entre des détenus qui ne se connaissaient pas avant leur condamnation, pour s'aider dans de nouveaux vols.

9ᵉ QUESTION.

Les récidives sont-elles plus communes parmi les condamnés des villes que parmi les condamnés des campagnes, parmi ceux qui ne savent ni lire ni écrire que parmi ceux qui ont reçu l'instruction élémentaire ?

Cadillac. — Elles sont plus nombreuses parmi les condamnés des villes, et on a déjà dit que la plupart des femmes sachant lire viennent des villes.

Clairvaux. — Les condamnés des deux sexes réunis, la proportion des récidives est pour ceux de la ville de 43 3/4 sur 100, et de 37 1/2 sur 100 pour ceux de la campagne.

Lorsqu'on considère les récidives en distinguant les sexes, la proportion est pour les hommes de la ville de 40 2/3 sur 100, et celle pour les hommes de la campagne de 39 3/4.

La proportion est pour les femmes de la ville de 52 3/4, et de 37 1/2 seulement pour les femmes de la campagne.

Les récidives sont, comparativement, beaucoup plus considérables parmi les détenus qui ne savent ni lire ni écrire que parmi ceux qui ont reçu l'instruction élémentaire.

Clermont (Oise). — La différence entre les détenues des villes et celles des campagnes ne peut être connue dans la maison de Clermont, qui compte dans sa population générale les 2/3 parmi les condamnées dans le département de la Seine, et l'autre tiers parmi les habitants des départements voisins de la capitale.

Les détenues illettrées se livrent au travail avec plus de zèle, d'attention et d'habileté.

Embrun. — Les récidives sont plus fréquentes parmi les condamnés des grandes villes que parmi ceux des campagnes, et plus considérables dans la classe de ceux qui savent lire et écrire.

Eysses. — Les récidives sont plus fréquentes parmi les condamnés des villes que parmi ceux des campagnes, parmi ceux qui savent lire que parmi ceux qui n'ont pas d'instruction.

Fontevrault. — Les campagnes, toute proportion gardée, produisent moins de récidives que les villes, dont les délinquants sont réellement plus pervertis, parce qu'ils ont plus d'occasions de se corrompre. Quoique l'instruction soit plus répandue dans celles-ci, le nombre de récidivistes sachant lire et écrire n'atteint pas le quart de la totalité de cette classe.

Gaillon. — Les condamnés des villes étant plus pervertis que ceux des campagnes tombent aussi plus souvent dans la récidive; ce sont ordinairement des voleurs incorrigibles ou des libertins éhontés. On n'a pas remarqué que l'instruction élémentaire ait exercé une grande influence sur les récidives.

Haguenau. — Les récidives parmi les condamnées des villes sont plus nombreuses que parmi celles des campagnes; elles sont aussi plus nombreuses parmi celles qui ne savent ni lire ni écrire que parmi celles qui savent lire et écrire, et qui ont reçu l'instruction élémentaire.

Limoges. — Les récidives sont plus fréquentes chez les condamnés des villes, et qui savent lire et écrire, que sur ceux des campagnes et qui sont illettrés.

Loos. — Elles sont, sans contredit, plus nombreuses parmi les détenues des campagnes.

Quant à l'instruction élémentaire, elle n'aura jamais d'influence favorable si elle n'est religieuse.

Melun. — Le nombre des condamnés en récidive venant des villes l'emporte de beaucoup sur celui des campagnes, et le nombre de ceux qui savent lire et écrire sur celui des illettrés.

Montpellier. — Les récidives sont plus fréquentes parmi les condamnées des campagnes, et parmi les femmes illettrées que parmi celles qui savent lire et écrire.

Mont-Saint-Michel. — Les récidives ont lieu, en majeure partie, de la part des correctionnels; cela signifie en même temps qu'elles sont beaucoup plus nombreuses parmi les condamnés des villes que parmi ceux des campagnes, qui pourtant fournissent encore bien des exemples de ce fait; ce qui veut dire encore qu'on trouve parmi les condamnés en récidive beaucoup d'individus sachant lire et écrire, car les correctionnels, sortant des villes, ont en grande partie reçu l'instruction primaire.

Nîmes. — Le nombre des récidives est à peu près le même, proportion numérique gardée, parmi les condamnés des villes que parmi les condamnés des campagnes, parmi ceux qui ne savent ni lire ni écrire que parmi ceux qui sont lettrés.

Poissy. — La maison de Poissy ne renferme presque exclusivement que des condamnés de ville.
On n'a pas remarqué beaucoup de différence entre le nombre des récidivistes illettrés et de ceux qui ne le sont pas.

Rennes. — Les récidivistes sont plus nombreux parmi les condamnés des villes que parmi ceux des campagnes; ils le sont plus parmi ceux qui ne savent ni lire ni écrire, et les 3/4 de la population se trouvent dans ce cas, que parmi ceux qui ont reçu une instruction élémentaire.

Riom. — Les récidives sont plus nombreuses parmi les condamnés des villes que parmi les condamnés des campagnes, parmi ceux qui ne savent ni lire ni écrire que parmi ceux qui ont reçu un commencement d'instruction élémentaire.

10e QUESTION.

La quotité des masses de réserve a-t-elle quelque rapport avec la fréquence des récidives?

Clairvaux. — Lorsque la masse de réserve est forte, s'élève par exemple à 700 fr., ce qui est très-rare, la récidive n'a pas ordinairement lieu; elle est seulement reculée lorsque la masse est inférieure: si la masse ne dépasse pas 100 fr., son influence est nulle.

Clermont (Oise). — Non.

Embrun. — Une masse de réserve plus considérable ne prévient pas la récidive; elle peut seulement la retarder un peu plus, car les voleurs ne se soucient guère de s'exposer tant qu'ils ont de quoi vivre largement.

Eysses. — Non. Tel détenu qui sort avec une forte masse l'aura dépensée peu de jours après son arrivée dans sa famille, tandis qu'un autre, avec une masse bien inférieure, cherchera, en l'économisant, les moyens de gagner sa vie par le produit de son industrie. Malheureusement cette dernière circonstance se présente rarement, si ce n'est chez les détenus pour délits contre les personnes.

Fontevrault. — Ceux qui n'ont acquis que de faibles masses semblent plus susceptibles de rechute; cependant on voit souvent ceux qui ont de fortes masses s'en servir pour satisfaire leurs penchants de débauche, et s'habiller de manière à exploiter plus facilement la confiance qu'ils espèrent inspirer par ce moyen.

Gaillon. — L'on a toujours remarqué avec peine que, pendant leur détention, les condamnés ne faisaient aucun cas de leur masse de réserve; ce n'est qu'aux approches de leur libération qu'ils s'y attachent; mais, une fois libérés, ils la gaspillent promptement.

Haguenau. — La quotité de la masse de réserve entre pour beaucoup dans les causes de récidive.

Il est rare qu'une femme qui emporte une forte masse revienne dans l'établissement, parce que c'est une preuve qu'elle a travaillé avec assiduité pendant la durée de sa détention et qu'elle s'y est bien conduite.

La modicité de la masse de réserve du plus grand nombre de libérées les entraîne bien souvent à recommencer de voler.

Limoges. — On ne l'a pas remarqué.

Loos. — Aucun, absolument aucun.

Melun. — Généralement les masses des récidivistes sont plus fortes à égalité de temps que celles des autres, parce que, ayant déjà appris un des états qui s'exercent dans la maison, ils se mettent de suite, en rentrant, au travail, et n'ont point d'apprentissage à faire.

Montpellier. — Non.

Mont-Saint-Michel. — La quotité des masses de réserve ne paraît avoir aucun rapport avec la fréquence des récidives. Si les libérés emportent de leur prison de bonnes dispositions, et qu'ils aient une masse un peu élevée, ils en tirent un bon parti, elle leur est véritablement utile; mais si leurs dispositions sont mauvaises, quel que soit le chiffre de cette masse, elle sera un mal plutôt qu'un bien; car avec elle, le libéré se livrera à la débauche, et il n'est pas rare qu'elle soit la cause d'une rechute plus prompte.

Poissy. — Oui; une faible masse est souvent cause d'une récidive.

Rennes. — Les récidivistes ont des masses plus fortes que les autres détenus; la plupart, et surtout ceux qui ont habité la maison, sachant en rentrant leur état, gagnent de suite les salaires les plus élevés.

Riom. — La quotité des masses de réserve ne paraît pas avoir quelque rapport avec le grand nombre de récidives. Depuis le 1er janvier 1834 jusqu'au 20 suivant, il est rentré dans la maison de Riom quinze individus qui avaient été mis en liberté pendant l'année 1833; dans ce nombre, il y en a qui avaient de fortes masses, et cependant leur retour a été aussi prompt que celui de certains autres qui n'avaient qu'une bien faible masse.

CHAPITRE VII. — *SECOURS.*

1re QUESTION.

Connaît-on bien l'origine des secours envoyés aux condamnés?

Beaulieu. — Presque toujours ces secours sont peu importants et fournis incontestablement par les familles.

Cadillac. — Les femmes de Cadillac reçoivent très-peu de secours de leurs familles. Quelques-unes en reçoivent d'hommes dont elles ont eu des enfants.

Clairvaux. — Au 1er avril 1834, sur 1,643 détenus, 698 avaient reçu des sommes de dehors.

Pour 563, ces secours ne se composaient que de sommes fort minimes, envoyées à des intervalles très-éloignés, et probablement par les familles.

Clermont (Oise). — L'origine de ces secours est due aux relations particulières des familles.

Embrun. — On connaît assez bien ordinairement l'origine des secours pécuniaires envoyés aux condamnés; il en arrive rarement ici d'une source suspecte.

Ensisheim. — L'origine des secours vient de pensions que d'anciens militaires ont sur l'État ou des familles.

Eysses. — Il est difficile de connaître l'origine exacte de ces secours.

Fontevrault. — Elle est difficile à constater, les parents et amis pouvant offrir leur entremise pour la déguiser.

Gaillon. — Ce sont en général les familles des condamnés qui leur envoient des secours : il n'est venu à ma connaissance que deux exceptions.

Haguenau. — Ils sont en général envoyés par les parents; quelques-uns proviennent du revenu des biens des condamnés.

Limoges. — Il est impossible de connaître parfaitement l'origine de tous les secours envoyés.

Melun. — Presque tous les secours que reçoivent les détenus viennent de leurs pères, mères ou autres parents; quelques-uns, de leurs femmes; un petit nombre, de leurs enfants; 5 ou 6, de leurs maîtresses.

Montpellier. — On connaît parfaitement l'origine des secours envoyés aux détenues; rarement s'élèvent-ils au-dessus de 10 francs: ce sont des reconnaissances par la poste, envoyées par des parents, souvent par des personnes bienfaisantes, et à titre d'aumônes.

Mont-Saint-Michel. — La plupart des secours viennent de leurs familles.

Nîmes. — En général les secours envoyés aux détenus proviennent des familles.

Poissy. — Tous les condamnés reçoivent ces secours de leurs parents.

Rennes. — Il n'est entré que de petites sommes envoyées par les parents, sur les demandes réitérées des détenus.

Riom. — L'origine n'est pas toujours bien connue.

2ᵉ QUESTION.

Y a-t-il présomption que des complices libres fournissent des secours à leurs associés?

Beaulieu. — On ne le pense pas.

Cadillac. — Non.

Clairvaux. — Sur 1,643 détenus, 7 seulement au 1er avril 1834 encourraient le soupçon d'être secourus par des complices.

Clermont (Oise). Non.

Embrun. — Ce cas se présente quelquefois : des mandats adressés à un individu, tantôt d'un endroit, tantôt d'un autre, doivent être regardés comme d'origine fort équivoque.

Ensisheim. — Non.

Eysses. — Il est aisé de se convaincre que des complices libres fournissent des fonds à leurs associés détenus. Les rapports faits par les prisonniers, les noms souvent empruntés que portent les reconnaissances des bureaux de poste où l'argent a été déposé en sont une preuve évidente.

Les marchands colporteurs surtout ont de fréquentes relations avec leurs associés condamnés, et leur font passer des secours.

Fontevrault. — On a de fortes présomptions que plusieurs détenus reçoivent des secours de leurs complices libres; on croit même que quelques-uns de ces derniers achètent ainsi leur impunité.

Gaillon. — Depuis dix-huit ans il ne s'est présenté que deux exemples de cette espèce.

Haguenau. — On ne le pense pas.

Limoges. — Il est constant qu'une partie de ces secours provient des complices du dehors, sans qu'on puisse en fournir la preuve : les filous organisés en société ont toutes sortes de moyens pour les faire parvenir sans crainte d'être découverts.

Loos. — On n'a guère eu que deux fois des soupçons à cet égard.

Melun. — Une fois condamnés et arrivés dans les maisons centrales, les détenus ont peu d'espoir de recevoir des secours de leurs complices et de leurs associés.

Montpellier. — On n'a pas le moindre indice à cet égard.

Mont-Saint-Michel. — Non : ce serait une imprudence qui pourrait devenir dangereuse aux détenus, et ils se gardent bien de la commettre.

Nîmes. — Non.

Poissy. — Non.

Rennes. — Non.

Riom. — Oui : le contenu des lettres d'envoi non signées ou n'ayant pour tout seing que des initiales, a donné la conviction que les expéditeurs de l'argent avaient été les complices de ceux qui le recevaient, et qu'ils avaient donné un nom supposé aux directeurs des postes.

CHAPITRE VIII. — *CONDAMNÉS LIBÉRÉS.*

1re QUESTION.

Avez-vous été à même d'observer quel a été l'effet du nouveau mode de surveillance sur les libérés?

Beaulieu. — A présent comme avant la nouvelle législation sur la surveillance, les libérés endurcis ne se fixent dans aucune localité et savent se soustraire longtemps aux poursuites de la justice en se servant de faux passe-ports.

Clairvaux. — La nouvelle législation sur la surveillance de la haute police est encore trop récente pour que ses effets, si elle en a produit, puissent être actuellement appréciés.

Clermont (Oise). — L'effet est d'offrir trop de moyens d'éluder les articles du Code pénal relatifs à la surveillance, par le choix qui est laissé aux détenus de désigner pour leur résidence les villes voisines de celles qui leur sont interdites.

Embrun. — Les libérés commencent par dissiper leur masse de réserve et reprennent leur vie d'industrieuse oisiveté, évitant cependant le plus possible de se faire reprendre dans le ressort de la cour où ils ont été déjà condamnés. En cela, ils sont merveilleusement secondés par les dispositions nouvelles sur la surveillance qui leur permet de changer avec facilité de domicile.

Ensisheim. — Les libérés qui ont de bonnes intentions se retirent généralement dans leur famille, surtout ceux de la campagne, et ils y sont bien accueillis. Quant aux véritables malfaiteurs, ils profitent des dispositions indulgentes de la loi sur la surveillance pour se répandre dans toutes les contrées de la France, où étant inconnus ils se livrent, sans crainte, à de nouveaux brigandages.

Eysses. — Les condamnés libérés se livrent, en général, au moment de leur sortie de prison, à toute espèce de débauches : il n'est pas rare de voir, la veille de la libération d'un détenu, un de ses anciens amis venir le rejoindre pour recommencer ensemble leur ancien métier.

Fontevrault. — Non.

Gaillon. — Le plus grand nombre des libérés qui rentrent prétendent que, quoique les nouveaux passe-ports ne contiennent plus les causes de leurs condamnations, néanmoins le public finit toujours par connaître la position des libérés, et leur refuse alors du travail.

Haguenau. — La nouvelle loi peut avoir un très-bon résultat par la facilité qu'elle donne aux condamnés libérés de pouvoir chercher de l'ouvrage, sans être obligés de remplir des formalités qui bien souvent étaient cause qu'on ne voulait pas les occuper.

Limoges. — Dès que les condamnés ont eu connaissance de la modification sur la surveillance de la haute police, ils n'ont pas manqué d'en profiter pour fixer leur résidence dans les endroits de leur choix.

Loos. — Ces modifications doivent avoir pour effet de fournir aux libérés plus de moyens de subvenir à leurs besoins par le travail Elles étaient justes et nécessaires, mais elles sont incomplètes : il faudrait, du moins ostensiblement, que la surveillance fût totalement supprimée.

Melun. — Les modifications du nouveau Code pénal paraissent aux détenus plus pénibles que les dispositions de l'ancien.

Montpellier. — Non.

Mont-Saint-Michel. — Il y a beaucoup plus d'inconvénients que d'avantages aux dispositions que la loi du 28 juin 1832 a introduites dans la législation sur la surveillance. Sans être d'aucun secours pour les hommes qui ont de bonnes intentions (car ceux-là se retirent presque tous dans leurs familles à l'époque de leur mise en liberté), ces dispositions favorisent prodigieusement les idées de vagabondage auxquelles les libérés et principalement les correctionnels des villes sont si disposés.

Nîmes. — Non.

Poissy. — Le condamné qui se trouve placé sous la surveillance de la haute police, ayant la facilité de changer de résidence toutes les fois qu'il le demande à l'autorité locale, finit par se soustraire tout à fait à cette surveillance, et par revenir dans la ville qui lui avait été interdite.

Rennes. — Non.

Riom. — Non.

2e QUESTION.

Savez-vous si des condamnés libérés n'auraient pas abusé de la plus grande latitude qu'ils ont aujourd'hui pour fixer leur résidence? si notamment ils n'y auraient pas cherché les moyens d'échapper à la mesure qui prescrit l'envoi à leur domicile de la plus grande partie de leur masse de réserve?

Cadillac. — Peu de femmes se rendent au lieu qu'elles ont désigné; elles parviennent souvent à obtenir des passe-ports avec le secours de route, en alléguant qu'elles ont perdu leurs papiers et en cachant leur situation.

Clairvaux. — Échapper à cette mesure est bien difficile; et en supposant que pour y parvenir un détenu demandât à se retirer sur le point le plus éloigné de la maison centrale, afin d'augmenter la somme d'argent qu'il avait à recevoir pour ses frais de route, ce moyen ne lui réussirait pas à Clairvaux, où l'on a prescrit que, le cas échéant, on ne lui passerait rien pour ses frais d'habillement, et qu'on lui remettrait en don des effets de décédés, ce qui laisse toujours la faculté d'envoyer un même reliquat de masse au lieu indiqué pour la résidence. L'annonce de ce parti pris a suffi pour prévenir toute tentative.

Clermont (Oise). — Un très-petit nombre de libérées s'est soustrait à la mesure qui prescrit l'envoi à leur domicile des portions réservées de leur masse.

Embrun. — Les libérés profitent des nouvelles dispositions de la loi pour toucher le montant de leur masse de réserve presque à leur sortie de la maison. Quelques-uns ont choisi Embrun et Gap pour leur résidence, et en sont repartis dans les délais fixés par la loi, nantis de ce qui devait leur revenir. D'autres, se voyant interdire l'accès des grandes villes, n'ont pas manqué de désigner les lieux les plus voisins, Versailles, Saint-Germain, par exemple, d'où il leur est facile de se glisser dans Paris.

Ensisheim. — La surveillance de la haute police gêne peu les détenus.

Eysses. — La nouvelle législation sur la surveillance de la haute police a généralement satisfait les détenus. Ce n'est pas seulement parce qu'elle leur donne la facilité d'exercer leur industrie dans d'autres lieux que ceux de leur naissance, mais aussi à cause des moyens qu'elle leur fournit de se soustraire plus facilement à la surveillance de la police, et aussi de pouvoir fixer leur résidence dans les villes les plus voisines des maisons centrales, ce qui leur donne le moyen de dissiper plus promptement les fonds de leur masse de réserve.

Fontevrault. — Non.

Gaillon. — Les détenus abusent de tout, même des choses qui sont dans leur intérêt. Ils ont soin de choisir d'abord les villes les plus voisines de la maison centrale, pour retirer de suite leur masse, et ensuite ils demandent des passe-ports pour une autre, changent successivement plusieurs fois de résidence, et arrivent enfin à l'endroit qu'ils ont en vue, et où ils espèrent le plus se soustraire à la surveillance.

Haguenau. — Cet abus existe; il faut que le directeur de l'établissement prenne beaucoup de précautions pour le prévenir.

Limoges. — Les détenus les plus malins choisissent d'abord Limoges, dans le but d'éviter l'envoi à domicile de leur masse de réserve, et ne tardent pas à la quitter aussitôt qu'ils l'ont touchée. Ceux qui n'ont pas de masse de réserve s'y fixent encore par calcul et provisoirement, en attendant la sortie de celui de leurs camarades qu'ils savent avoir de l'argent, pour le lui voler ou le lui faire dépenser.

Loos. — Pour peu que la masse de réserve soit importante, il est peu de libérés qui n'aillent la toucher eux-mêmes; lorsqu'elle est faible, quelques-uns, mais en bien petit nombre, préfèrent l'abandonner que de s'exposer à l'humiliation d'en aller donner quittance.

Melun. — La plus grande latitude accordée aux détenus de choisir une résidence n'a encore rien changé à leur habitude de prendre leur domicile le plus près possible de Paris et de la maison centrale, afin de toucher sur-le-champ leur masse.

Montpellier. — La loi nouvelle a donné aux libérées les moyens d'échapper à la mesure très-sage qui prescrit l'envoi à leur domicile de leur masse de réserve, et par conséquent une plus grande facilité pour en faire un mauvais usage.

Mont-Saint-Michel. — Il est possible que les libérés cherchent, dans la facilité qui leur est donnée de fixer leur résidence à peu près où bon leur semble, le moyen d'échapper à la mesure qui prescrit l'envoi à leur domicile de la plus grande partie de leur masse de réserve. On peut en citer quelques exemples; mais ils sont rares.

Nîmes. — Si la nouvelle loi facilite aux libérés les moyens de travail, elle donne plus de sécurité à l'homme mal intentionné pour se livrer à de nouveaux délits. Dans un pays lointain, il n'a à redouter que l'investigation de la police; tandis qu'au lieu de sa naissance, la méfiance qu'il inspire le tient dans des voies de droiture, quoiqu'il puisse avoir envie de s'en écarter.

Poissy. — Les libérés savent échapper à la mesure qui prescrit l'envoi à leur domicile d'une portion de leur masse. Ils désignent une résidence rapprochée du lieu où ils ont l'intention de se réfugier immédiatement après avoir touché leur masse.

Rennes. — Les masses ont été envoyées comme auparavant au domicile des libérés. Quelques-uns demandent à rester dans les villes plutôt que de retourner dans leur pays, en disant qu'ils ne trouveraient pas chez eux à exercer leur état industriel.

Riom. — Non.

3e QUESTION.

Pensez-vous que la nouvelle législation sur la surveillance des condamnés libérés puisse contribuer à diminuer le nombre des récidives?

Beaulieu. — On pense qu'elle favorisera la réforme d'un grand nombre de condamnés, par la facilité de pouvoir exercer paisiblement leur profession dans des lieux de leur choix.

Clairvaux. — Cette législation nouvelle ne contribuera pas à diminuer d'un seul le nombre des faits de récidive; mais elle paraîtra atteindre ce but, en rendant plus difficile aux tribunaux la connaissance des anciennes condamnations.

Clermont (Oise). — Oui, quant aux libérées disposées au repentir; non, quant aux autres.

Embrun. — Elle contribuera surtout à diminuer le nombre des récidives constatées, sans influer sur leur nombre réel.

Eysses. — La nouvelle législation diminuera peu probablement le nombre des récidives.

Fontevrault.—Il serait possible que la nouvelle législation, donnant plus de latitude aux surveillés pour se procurer des moyens d'existence, pût contribuer, sous ce rapport, à diminuer le nombre des récidives, tout comme on n'oserait affirmer qu'elle est exempte d'inconvénients.

Gaillon. — Elle peut y contribuer en partie; mais elle est insuffisante. La nouvelle législation sur les surveillances ne tend qu'à couvrir la position des libérés, mais ne remédie point à l'inconvénient dont ils se plaignent, qui est le manque d'ouvrage.

Haguenau. — Le nouveau mode de surveillance contribuera beaucoup à faire diminuer le nombre des récidives.

Limoges. — Ce changement de législation favorise le petit nombre d'individus qui ont l'intention de revenir au bien, en cachant aux yeux de leurs concitoyens leur état de condamnés; mais il n'est nullement propre à diminuer le nombre des récidives, par la facilité qu'il offre aux libérés de changer de résidence à volonté et de commettre, sous un autre nom, toutes sortes de méfaits.

Loos. — Oui, dans les temps ordinaires; non, dans les temps de troubles et de réactions.

Melun. — La nouvelle législation sur la surveillance augmentera plutôt les récidives qu'elle ne les diminuera; car il sera presque impossible d'astreindre les libérés aux formalités qu'elle exige pour le changement de résidence. D'un autre côté, le besoin d'exercer leur état industriel les forcera à retourner dans ces mêmes grandes villes qui leur sont presque toutes interdites.

Montpellier. — Non; elle ouvre une route plus large pour arriver aux récidives.

Mont-Saint-Michel. — La nouvelle législation ne contribue point à diminuer le nombre des récidives.

Nîmes. — Non.

Poissy. — Non; les libérés finissent par se réfugier dans les grandes villes qui leur sont interdites, et où ils peuvent espérer de travailler; mais, obligés de se cacher à la police, ils finissent par voler.

Riom. — Les faits manquent pour avoir une opinion.

DEUXIÈME PARTIE.

OBSERVATIONS GÉNÉRALES.

CHAPITRE Ier. — *SERVICE RELIGIEUX.*

Beaulieu. — Il n'existe pas, il n'existera jamais de système pénitencier qui puisse assurer la réforme radicale du plus grand nombre de nos détenus : si quelques-uns se corrigent, les instructions morales et religieuses n'y auront pas une petite part; mais, pour cela il faut, comme condition indispensable, des aumôniers de talent et d'un caractère tout à fait évangélique, ce qui est très-rare.

Ensisheim. — La plupart du temps, l'évêché n'a envoyé pour aumôniers que de jeunes séminaristes sans expérience. L'autorité ecclésiastique objectait la modicité du traitement. Aujourd'hui que les aumôniers sont mieux rétribués, on est en droit de demander un prêtre d'un certain âge, qui connaisse les âmes flétries qu'il est appelé à ramener au bien, et qui veuille s'y dévouer consciencieusement.

Gaillon. — Pour obtenir des résultats satisfaisants d'un système plus religieux dans nos prisons, il ne suffirait pas d'avoir de bons aumôniers, il faudrait encore qu'ils fussent secondés dans leur mission par les autres employés de l'établissement. A quoi pourraient servir les prédications du prêtre, si ceux qui exercent l'autorité dans la prison critiquaient sa croyance ou ses paroles? Il ne faut s'attendre à aucun bien tant qu'il n'y aura pas conformité de principes et concours d'efforts entre l'aumônier et les employés.

Loos. — Il faut bien se garder de confondre sous un même point de vue l'instruction religieuse et l'instruction morale. Confusément données aux détenus, l'une et l'autre n'ont aucune espèce d'influence décisive ni réformatrice; tandis que, séparément professées, elles améliorent, si elles ne régénèrent pas totalement un bien plus grand nombre de condamnés qu'on ne le présume généralement.

Convaincu, par l'étude que j'ai faite du caractère normal de la presque généralité des détenus, de l'impossibilité de les ramener à *la morale* par l'enseignement seul *de la religion*, je conçus l'idée de les convertir à cette même religion par l'enseignement de la morale, dont ils comprenaient mieux la nécessité. Ce fut alors que j'entrepris mon cours d'instructions à l'usage des prisonniers : je choisis pour sujet *la moralité de nos lois pénales;* d'abord, parce que de tous les enseignements, il n'y en a point de plus indispensable aux prisonniers que celui qui leur apprend où l'honneur finit et l'infamie commence; ensuite, parce que, dans le développement de ce thème, je trouvais à chaque instant l'occasion de faire jaillir la moralité des lois humaines de la sainteté des lois divines, et de jeter ainsi dans l'âme de mes auditeurs incrédules cette idée régénératrice de la nécessité, et par conséquent de l'évidence de Dieu. J'ai réussi sur un grand nombre de détenus.

Mont-Saint-Michel. — On peut dire que, depuis quelques années, les croyances religieuses et la foi ont été fortement ébranlées en France, et que les lieux où cet ébranlement a été plus prononcé sont aussi, généralement parlant, ceux où l'on a vu le plus de corruption et de crimes. Les condamnés qui proviennent des grandes villes sont bien peu sensibles à la voix des aumôniers, car ils ne croient pas : s'ils prêtent l'oreille à leurs instructions, c'est pour tâcher d'y découvrir quelque point qui prête à la critique et à la plaisanterie. Ces hommes sont nombreux dans les prisons; ils se font en quelque sorte un mérite de l'impiété. Il n'est que trop fréquent de les voir entre eux faire parade de ces sentiments : ils s'imaginent jouer ainsi le rôle d'esprits forts, et ceux qui ont encore conservé quelques principes religieux se voient souvent l'objet de leurs attaques et de leurs railleries. Ces hommes-là, aussi, font des instructions à leur manière, et c'est pour eux une grande victoire que d'avoir réussi à corrompre davantage ceux de leurs camarades qui sont moins gangrenés qu'eux.

CHAPITRE II. — *INSTRUCTION PRIMAIRE.*

Ensisheim. — Si une première éducation morale n'a pas formé le caractère d'un individu, et si des germes pernicieux se sont développés en lui faute d'une saine instruction, qui aurait pu le préserver de ses égarements, le cours de sa vie est empoisonné; s'il arrive dans nos prisons, l'instruction primaire ne le régénérera pas.

Gaillon. — On recueillerait de bien plus grands fruits de l'instruction primaire, si l'on mettait à la disposition des condamnés des livres qui auraient pour but de les distraire des mauvaises pensées et de former leur cœur. On devrait charger des hommes capables de la composition de ces livres, et les répandre dans nos prisons.

Loos. — L'instruction élémentaire, en tant qu'elle se borne à la lecture, l'écriture et le calcul, est indispensable à tout le monde : il faut donc la donner à tous les jeunes enfants détenus, sans aucune exception; mais ce qu'il faut par-dessus tout, c'est que l'instruction, qui enseigne toutes ces choses, marche de pair avec l'éducation religieuse, qui apprend à en faire un bon usage.

L'instruction élémentaire peut également, aux mêmes conditions, contribuer à l'amendement des condamnés plus avancés en âge; mais il ne faut pas dépasser de certaines limites, et admettre à la régénération, par l'instruction primaire, des êtres vieillis dans la carrière du crime, et dont le premier usage qu'ils feraient dans le monde de ce qu'on leur aurait enseigné en prison serait indubitablement un dernier faux.

L'admission à l'école est et doit être un moyen rémunératoire.

Mont-Saint-Michel. — L'instruction primaire est inefficace sur les naturels vicieux; elle ne peut corriger ni amender la classe des condamnés que l'on aurait le plus d'intérêt à détourner de la voie dans laquelle elle marche, parce qu'elle seule est véritablement corrompue et gangrenée jusqu'au cœur : c'est celle des correctionnels que les philanthropes regardent avec le plus d'intérêt, et envers lesquels il faudrait au contraire user de plus de sévérité.

Rennes. — Les prisonniers n'ayant que peu de temps à donner à l'instruction, il importerait d'avoir un instituteur non-seulement capable, mais qui posséderait la méthode la plus simple et la plus abrégée possible.

Riom. — Le nombre des détenus admis à l'école doit être limité, en ayant égard à leur moralité et à leur bonne conduite.

CHAPITRE III. — *TRAVAIL.*

Beaulieu. — Pour les condamnés des campagnes, on pourrait tirer un plus grand parti du travail, en combinant les travaux agricoles avec les arts industriels. Cette mesure serait d'exécution facile dans tous les établissements qui sont placés hors des villes, et qui touchent à des terrains susceptibles d'être mis en culture. On pourrait les enclore d'un mur de 8 pieds de hauteur seulement, et y faire travailler un certain nombre de détenus pendant quelques heures. On les familiariserait avec toutes les bonnes méthodes et les nouvelles découvertes : en rentrant dans leurs foyers, ils deviendraient utiles à leurs voisins au lieu d'en être la terreur; rien ne serait plus propre à les corriger, à les relever dans leur opinion, que cette faculté.

Clairvaux. — Il est deux mobiles à donner au travail, la récompense et le châtiment. Nous usons du premier moyen, sous le nom de *pécule* et de *masse de réserve.* Les philanthropes américains usent de l'autre sous la forme des coups de bâton. Ils affirment qu'en agissant ainsi, ils obtiennent un travail plus productif : cela, je le crois; mais quand ils prétendent que ce procédé pénitentiaire est le plus humain et d'ailleurs tout plein de moralité, je ne saurais être de leur avis.

Dans les maisons centrales, les agents de surveillance sont en général trop peu nombreux et surtout trop mal payés. A ceux qui veulent le silence absolu, on peut répondre : Ce sont des vauriens qui pensent; donc ils pensent au mal, donc il faut les empêcher de penser. Il n'y a rien là d'hyperbolique, car le mal ne s'apprend pas à la manière des sciences; et sans contredit deux heures de méditation solitaire peuvent en enseigner plus que 20 leçons du coquin le plus habile; c'est ce dont pourraient se convaincre tous ceux qui se croiraient assez sûrs d'eux-mêmes pour méditer sans risque une action criminelle et les moyens les plus propres à la faire réussir.

Eysses. — Lorsque MM. de Beaumont et de Toqueville ont signalé les cantines comme pernicieuses dans les maisons centrales, ils ont eu raison sous le rapport des mêts recherchés qui se vendent dans plusieurs; mais ils sont grandement dans l'erreur lorsqu'ils prétendent qu'elles ne devraient pas exister : ce serait détruire l'industrie que de supprimer ces cantines; sans elles, il serait presque impossible de faire travailler les détenus.

Fontevrault. — Il ne suffit pas de procurer aux détenus un travail quelconque; il est très-essentiel d'apporter la plus grande attention dans la distribution des métiers, qui devrait être faite de manière à les rapprocher autant que possible de l'aptitude du sujet et des chances qu'il peut avoir d'exercer, après sa libération, l'industrie qu'on veut lui faire embrasser; car on doit s'attendre à rencontrer peu de zèle et souvent du découragement, du dégoût et de la résistance, de la part de celui dont on violerait la répugnance, fondée sur l'absence de ces deux conditions.

Gaillon. — Le but des détenus, en travaillant, est de se procurer quelques douceurs alimentaires, un morceau de pain blanc, un verre de vin, un peu de viande, quelques prises de tabac : peu d'heures de travail suffisent pour se procurer ces choses; mais ils ne font aucun effort pour vaincre leur paresse naturelle. Ils sortent de prison aussi paresseux et plus vicieux qu'ils ne l'étaient. Ils ont cet avantage sur les hommes libres, que ces derniers, fort honnêtes gens et pères de famille, sont souvent exposés à en manquer; tandis que les condamnés, repoussés par la société, ont l'assurance d'en trouver en prison; aussi ont-ils intérêt à y revenir, et en effet ils y reviennent avec plaisir; d'où il faut conclure que le régime des prisons est trop doux.

Loos. — Les principes fondamentaux du travail sont ceux-ci :

1° Le travail est utile et doit être obligatoire;
2° Le produit de main-d'œuvre appartient légalement à l'État;
3° Tout travail mérite salaire;
4° Il doit être donné à l'entreprise.

Les conséquences de ces principes sont :
1° L'entretien des condamnés doit être autant que possible mis à leur charge;
2° Aucune portion comptant de ce qu'ils gagnent ne doit leur être délivrée à titre de denier de poche;
3° Les cantines doivent être irrévocablement supprimées;
4° Enfin, la quotité de la masse de réserve à allouer à chaque détenu libéré doit être le résultat de la double balance de ce qu'il aura gagné par son industrie et mérité par sa bonne conduite.

Melun. Les détenus dans les maisons centrales ne manquent de rien; ils sont plus heureux que les ouvriers libres, qui doivent prendre sur le produit de leur travail, vie, vestiaire, traitement en cas de maladie. La cantine est un véhicule au travail, il est vrai; mais elle donne des habitudes de sensualité que les détenus libérés ne peuvent plus satisfaire et qui les rappellent aux prisons. Il faudrait réduire à un sixième, au lieu du tiers, les deniers de poche. S'ils voulaient à tout prix satisfaire leur sensualité, ils travailleraient davantage : leur masse de réserve s'en augmenterait, et peut-être aussi leur moralité.

Mont-Saint-Michel. — Une chose bien digne d'attention, c'est d'appliquer les détenus à des industries exploitées dans les lieux où il est probable qu'il se retireront à l'expiration de leur peine. Il est très-fréquent de voir sortir des maisons centrales des ouvriers d'une grande habileté; ceux-là, si leur conduite est bonne, ont leur existence assurée. On en a vu plusieurs qui ont fini par faire de bons mariages et devenir des citoyens utiles.

On ne s'occupe pas assez de l'usage que les détenus font de leur pécule; il serait moral et éminemment utile de les diriger dans leurs petites dépenses et de leur apprendre qu'ils doivent mettre tous leurs soins à tirer un parti toujours utile de ce qu'ils ne peuvent gagner qu'à force de travail. Cet enseignement ne serait pas d'abord sans de grandes difficultés, mais aussi ses résultats vaudraient bien la peine qu'il coûterait. Ce serait ainsi que les prisons deviendraient une véritable école, et cette instruction aurait bien aussi son mérite; celle-là, on peut la recommander aux méditations des hommes de bien.

CHAPITRE IV. — *DORTOIRS.*

Embrun. — On objectera contre les cellules solitaires que la solitude favorisera d'autres habitudes secrètes : quand ce serait vrai, je ne comprends pas qu'on s'expose à un mal plus grand pour en éviter un moindre; mais ce mal on ne peut l'empêcher dans le système des dortoirs communs. Chaque individu n'est-il pas isolé dans son lit? Ne peut-il pas y faire, sans contrôle, ce qu'on suppose gratuitement qu'il ferait avec plus de facilité dans sa cellule?

Eysses. — Pour remédier aux désordres des prisons et aux conversations dégoûtantes qui sont continuelles dans les dortoirs, il faut distribuer la maison de manière que les chambres soient aussi grandes que possible, bien éclairées, bien surveillées par des prévôts sûrs, et que les gardiens soient logés, la nuit, de manière à pouvoir maintenir le bon ordre.

Haguenau. — Pour la surveillance dans une maison de femmes, et surtout pour les dortoirs, il ne faut pas des gardiens; il faut des gardiennes : c'est une mesure indispensable et urgente à prendre. Il faudrait que ces surveillantes fussent prises parmi des femmes du dehors et inspirant une entière confiance.

Limoges. — La co-détention des deux sexes dans une maison centrale ne contribue pas peu à exciter, à nourrir la passion du vice; quelque surveillance qu'on exerce, il y a toujours des relations par lettres ou par signes, dont l'effet est de monter les têtes; et, dans cet état de fougue, les femmes comme les hommes bravent toutes les punitions.

Nîmes. — Le principe de nos prisons doit être de ne pas laisser le détenu hors de la portée d'une surveillance qui s'exerce sur lui, la nuit comme le jour. Cette surveillance doit être établie sur des bases assez larges pour écarter jusqu'à la pensée d'une infraction. Pour atteindre à ce but, il serait à propos d'établir le nombre des surveillants dans la proportion au moins d'un par cinquante condamnés.

Ensisheim. — Il a été établi des couchettes séparées ; mais comment établir des chambres particulières, ainsi que cela se pratique dans quelques états d'Amérique ? Veut-on rebâtir les maisons centrales, qui, il est vrai, ne sont pour la plupart que d'anciens couvents, mais dont l'appropriation selon le système en vigueur, lors de leur institution, a déjà tant coûté à l'État? Et qu'obtiendrait-on après tant de nouveaux sacrifices? Les mêmes vices se pratiqueraient dans d'autres moments et par d'autres moyens.................................

. . . Je ne sais si, dans l'intérieur de la France, on connaît ces familles ambulantes qui établissent leurs camps sur nos montagnes et dans nos forêts, que nous appelons *Bohémiens,* et que les anglais appellent *Gypsies:* cette race forme une partie de la population de notre prison, et se trouve mêlée aux nombreux ouvriers de fabrique, étrangers, rassemblés de la lie de toutes les nations; et c'est une telle population qu'on veut ramener à de bonnes mœurs! On peut punir; mais corriger, c'est impossible : ce qui est étonnant, c'est qu'on soit parvenu à une discipline satisfaisante.

Mont-Saint-Michel. — On trouve des prisonniers qui s'avouent voleurs, assassins; mais presque tous professent hautement la plus profonde horreur pour des penchants que la nature repousse : que l'expression de leur dégoût soit vraie ou simulée, peu importe; elle produit l'effet désiré. Ceux qui tenteraient de secouer le joug de la pudeur, si puissant sur tous les hommes, soulèveraient contre eux l'indignation presque générale.

Si les dortoirs n'ont pas d'inconvénients sous la rapport de la corruption physique, ils en ont sous le rapport de la corruption morale. C'est dans les grands dortoirs que se donnent les leçons de filouterie, que le crime cherche à faire des prosélytes, que des conseils perfides sont donnés avec adresse et trop souvent écoutés avec avidité. Il est pourtant un moyen simple de profiter des avantages qu'ils présentent réellement, sans s'exposer à leurs inconvénients : ce moyen consisterait à faire un choix judicieux des hommes qu'on voudrait réunir dans la même chambrée et d'apporter une attention toute particulière à tenir ensemble les moins corrompus, et à rapprocher ceux qui le sont à un plus haut degré. Ces derniers, bien convaincus que ceux auxquels ils sont accolés sont entrés aussi avant qu'eux dans le crime, et qu'ils ne possèdent même pas de supériorité dans la misérable science de le commettre, ne trouveront aucun charme à développer leurs principes empoisonnés; et lors même que, d'abord, ils feraient quelques essais à cet égard, ils ne tarderaient pas à découvrir qu'ils inspirent bien peu d'intérêt, parce que, en effet, on ne prête guère attention aux choses avec lesquelles on est très-familiarisé.

Toujours est-il que, pour les uns et pour les autres, il y aurait à gagner dans cette division un point fort important, celui de ne pas être en contact avec plus corrompu que soi; mais cette division présente-t-elle de grandes difficultés, exige-t-elle une longue étude? Non.

Je ne reconnais aucun avantage aux cellules, ni pour le coucher ni pour le travail, et je ne crains nullement les dangers qu'on semble attacher aux ateliers nombreux et aux réfectoires; avec le silence ils disparaissent tous.

CHAPITRE V. — *PUNITIONS.*

Beaulieu. — Il vaut mieux confondre toutes les classes de condamnés et ne séparer de la masse que ces hommes audacieux qui par des actes troublent l'ordre et excitent les autres prisonniers à les imiter; mais cette séparation ne doit pas s'effectuer en les mettant ensemble dans un quartier particulier; il faut les renfermer solitairement et les laisser dans cet isolement jusqu'à l'expiration de leur peine.

Fontevrault. — On a vu quelquefois des délits commis dans les maisons centrales punis avec une indulgence qui a les plus fâcheux effets. Elle a mis en péril la vie des employés, en accroissant l'audace des mauvais détenus, et a favorisé les désordres dont les prisons sont le théâtre en intimidant les gardiens, qui ne se trouvent pas suffisamment protégés contre la haine et la vengeance des détenus.

Gaillon. — L'isolement de jour et de nuit est une pure théorie qui doit être considérée comme inexécutable. L'homme qui pourrait résister à un tel isolement pendant plusieurs années aurait perdu toutes les habitudes sociales; il sortirait de sa cellule comme un sauvage et serait peu apte à rentrer dans la société. Toutefois, le silence dans les cachots doit être rigoureux; sans cette condition, le cachot est plus nuisible qu'utile : comme ce ne sont que les mauvais sujets qui y sont enfermés, et qu'ils y arrivent toujours en état d'irritation, ils y tiennent les conversations les plus atroces; ils s'y excitent réciproquement à l'insubordination et forment les projets les plus extravagants.

Haguenau. — Ce n'est pas assez de savoir punir, il faut savoir récompenser. Il faut toujours qu'à côté de la crainte soit placée l'espérance; ces deux mobiles se fortifient mutuellement. L'idée de la récompense relève le moral du détenu et produit les meilleurs résultats.

Loos. — Les quartiers de punition devraient être disposés en cellules, attendu que, plaçant là les plus mauvais sujets, le prévôt de chambre, qu'on doit nécessairement choisir parmi les meilleurs détenus, se trouve trop exposé dans le pêle-mêle, la nuit surtout, pour qu'il ose faire convenablement la police et rendre un compte exact des délits ou débauches qui s'y commettent.

Sans doute le pêle-mêle des diverses catégories des détenus dans les dortoirs, préaux, ateliers, réfectoires, etc., a de graves inconvénients; mais ils disparaîtraient saus recourir aux cellules solitaires, s'il y avait entre les gardiens et les officiers supérieurs des prisons une classe intermédiaire d'employés voués à la régénération religieuse, morale et industrielle des détenus; si les moyens de surveillance étaient augmentés; si le personnel administratif des prisons recevait de l'autorité une puissance d'exécution plus forte et plus libre; si enfin les emplois dans les prisons étaient assez rétribués pour offrir un attrait aux administrateurs les plus capables. En effet, toutes les améliorations possibles résident dans le bon choix des employés.

Melun. — Les détenus punis par l'isolement solitaire doivent avoir du travail dans leurs cellules : par ce moyen, leur esprit et leur corps étant occupés, on préviendra les résultats funestes que pourrait produire sur eux une séquestration prolongée dans un état d'inaction complète : mais aussi la privation de ce travail, pendant un temps déterminé, sera une punition pour celui qui aura commis quelque faute ou dégât dans sa cellule, et, dans aucun cas, il ne doit espérer de recevoir les vivres du réfectoire, tant qu'il n'aura pas rempli la tâche qui lui sera assignée.

Poissy. — Lorsque les détenus commettent dans la maison quelques crimes ou délits graves, ils sont déférés aux tribunaux. Mais on a vu des condamnés qui avaient attenté aux jours de leurs camarades ou des employés de l'administration, punis pour ce crime de quelques mois de prison. Pour inspirer une crainte salutaire, un Code pénal spécial aux maisons centrales devrait offrir aux tribunaux le moyen de les punir sévèrement.

Ensisheim. — La contagion qui peut exister entre les correctionnels et les criminels trouve plus naturellement son foyer dans les prisons de transfèrement, dans les voitures où on les entasse sur les routes, dans les prisons de prévenus et dans les maisons de justice, où tout est confondu, en attendant leur départ pour les maisons centrales ; et c'est là sans doute que se font les initiations et tous les projets de réunion de bandes au dehors, lors de leur retour à la liberté.

Mont-Saint-Michel. — Le chapitre des punitions est, dans un système pénitentiaire, de la plus haute importance. Il est, avec le travail et le silence absolu, un puissant moyen de réforme morale; sans son appui, les deux autres manqueraient leur effet.

C'est une chose terrible pour eux-mêmes que la réunion dans un quartier séparé d'hommes profondément corrompus. Qu'on n'aille pas croire qu'ils se livrent ensemble à tous les goûts que la dépravation peut leur inspirer ; on serait dans la plus complète erreur.

On les verra presque toujours sombres, rêveurs, isolés les uns des autres : loin de chercher à se distraire par le récit de leurs mauvaises actions, on les trouvera souvent silencieux : on dirait qu'ils éprouvent du dégoût les uns pour les autres. Qu'on les laisse dans cette position pendant le temps nécessaire, sans d'ailleurs leur imposer d'autre punition, on ne manquera pas de les voir souvent arriver à désirer même la reclusion solitaire. S'ils expriment cette idée, qu'on laisse encore s'augmenter chez eux le besoin de cette solitude, et qu'on leur donne l'espoir de l'obtenir, mais comme une faveur. Tout cela paraît très-sévère, mais n'a rien qui blesse l'humanité, et le résultat sera d'avoir protégé les moins mauvais contre la fureur des plus dangereux, de les avoir préservé de leur contagion, et d'avoir établi dans la maison le calme et la paix, sans lesquels aucun bien n'est possible.

....

Pour que les cellules solitaires soient vraiment dignes de ce nom, il faut que ceux qui y seront renfermés ne puissent avoir aucun rapport, aucune communication avec qui que ce soit; il faut que le silence le plus profond les environne, et que rien ne puisse le troubler, si ce n'est à des heures assez rapprochées; que le gardien soit toujours muet en venant faire apporter les choses nécessaires à l'existence et au travail.

Après cela le but ne serait pas encore atteint, si ces cellules étaient habitées souvent, pour peu de jours et pour des peccadilles, par la masse des prisonniers. Il faut que la reclusion solitaire ait un tel caractère, qu'elle inspire assez de crainte pour qu'elle devienne un frein puissant pour la majeure partie des détenus.

....

La passion du jeu est celle qui dans nos prisons fait le plus de ravages, et ses victimes sont nombreuses; c'est aussi celle qu'il est le plus important de combattre avec vigueur, car nulle autre n'est plus féconde en résultats funestes.

On a vu des prisonniers qui, après avoir perdu dans une seconde le produit de leur travail d'une semaine, jouaient le pain ou une autre partie de la nourriture qu'ils devaient recevoir pendant un, deux et trois mois. On en a connu d'assez féroces pour ne pas perdre un seul instant de vue, pendant les distributions de vivres, ceux dont ils avaient ainsi gagné la nourriture, et ils ne les quittaient que lorsqu'ils avaient arraché au malheureux le morceau de pain dont il ne pouvait se passer sans souffrir. On en a observé un chez lequel la passion du jeu était si terrible, qu'il jouait ses aliments, non-seulement lorsqu'il était au milieu des valides, mais à l'infirmerie, il livrait encore aux chances du jeu la ration de bouillon ou de vin dont il avait tant besoin pour rétablir ses forces. Ce malheureux a fini par mourir d'inanition. (Ce fait a été constaté par les médecins.)

. . . .

Il est encore parmi les prisonniers une autre passion à peu près aussi funeste que celle du jeu : c'est le prêt à usure. On pourrait citer des faits inconcevables. On ne pourrait poursuivre avec trop de constance ces deux penchants, qu'on peut placer sur la même ligne que le mal qu'ils produisent.

CHAPITRE VI. — *CONDAMNÉS EN RÉCIDIVE.*

Beaulieu. — Les recherches auxquelles nous nous sommes livré nous ont convaincu que l'accroissement des récidives ne doit pas être attribué au régime des maisons centrales. Il n'y a qu'un très-petit nombre d'années que l'on tient dans ces établissements des registres des récidives et que les procureurs du Roi en mentionnent les cas sur les extraits d'arrêt ou de jugement. La première année, il a fallu faire des recherches d'autant plus difficiles pour en constater le nombre, que nous manquions de documents certains et que les comdamnés, qui ont intérêt à cacher leur état, s'enveloppent toujours d'un grand mystère à cet égard. Plusieurs ont donc pu échapper à cette première investigation, et tous n'ont pas été reconnus à celles des années suivantes; mais le nombre que l'on découvrait chaque année était ajouté à celui de l'année précédente; voilà ce qui a été une cause réelle de l'augmentation du chiffre, sans, pour cela, que celui des condamnés en état de récidive fût plus grand. Ce qui s'est passé à Beaulieu a dû exister dans les autres établissements; de là un accroissement purement apparent du nombre des récidives. Nous sommes loin cependant d'en contester l'accroissement réel, et il nous semble qu'on peut l'attribuer aux deux causes suivantes : 1° à l'état de paix dont jouit la France depuis vingt ans; 2° à une application moins sévère des lois pénales, dans les cas de récidives.

Cadillac. — Depuis quelques années les récidives ont augmenté d'une manière effrayante, et cependant les dernières condamnations sont souvent moindres que les premières. Les tribunaux ne sont pas assez sévères contre les récidives.

Clairvaux. — Des comptes rendus de l'administration de la justice criminelle, il résulte que, depuis 1826, un plus grand nombre de condamnations en récidive a été constaté chaque année, et c'est l'opinion générale que le nombre des condamnés en récidive suit une progression toujours ascendante : cette opinion peut être vraie; mais il peut être vrai aussi que la progression aperçue ne soit qu'apparente, que les faits de récidive ne soient pas en réalité plus nombreux, et que seulement les moyens de les découvrir se soient progressivement perfectionnés. Un fait remarquable pourrait seul le démontrer. En consultant les comptes généraux de la justice criminelle, on voit que les récidives de la maison centrale de Cadillac n'étaient que dans la proportion de 7 sur 100, et celles de la maison de Montpellier de 15 sur 100 en 1830, et que l'année suivante la proportion des récidives avait triplé presque dans le premier de ces établissements, et s'était accru de deux tiers dans l'autre : augmentation évidemment trop considérable et opérée dans un laps de temps beaucoup trop court pour pouvoir être imputée à d'autre cause qu'au soin plus minutieux apporté en 1831, dans la circonscription de ces deux maisons centrales, à rechercher et à constater la position des condamnés.

On ne pense pas qu'un régime plus sévère dans nos prisons eût l'avantage de diminuer le nombre des récidives; mais, en admettant que des lois pénales ou des mesures d'administration plus sévères eussent pour incontestable résultat une répression plus forte, est-il bien certain qu'on dût recourir à ces lois ou à ces mesures? Nous ne le pensons pas. Si le régime actuel de nos prisons pour peine n'empêche pas qu'il n'y ait beaucoup de voleurs, il empêche du moins que ces voleurs cherchent à voler beaucoup; car pour eux le vol est un moyen et non pas un but. S'il n'empêche pas le vol, il empêche la lèpre du paupérisme, mal mille fois plus grand et qui, dans nos vieilles sociétés d'Europe, se produira toujours à la suite de lois pénales très-rigoureuses.

Le régime de nos prisons pèche par quelques détails, mais bornons-nous à corriger ces inconvénients de détail; faisons en sorte que les localités de nos maisons centrales soient mieux disposées, les agents de surveillance plus nombreux et mieux choisis, les administrateurs plus habiles et les entrepreneurs moins souvent changés, et en agissant ainsi, en nous attachant à perfectionner ce qui est déjà bon au lieu de recourir à des innovations dont rien jusqu'à ce jour n'a démontré le mérite, nous aurons fait pour nos établissements de pénitence tout ce qu'il est prudent et raisonnable de faire.

Embrun. — Le nombre des récidives s'accroît d'une manière effrayante. L'excès du bien-être dans les prisons y contribue vraisemblablement beaucoup. On a trop fait pour les détenus. La philanthropie est sans doute une excellente chose, mais elle devrait, ce me semble, être réglée par la justice..... Ceux qui déploient une si grande sensibilité sur le sort malheureux des détenus devraient, dans une maison où les travaux ont un peu d'activité, assister aux distributions de la cantine, les dimanches et les lundis, jours où se dépense le gain de la semaine, ils verraient que ces détenus ne sont pas si à plaindre qu'on veut bien le dire, et que la prison, ce pis-aller du crime, est encore une retraite assez douce. Est-il surprenant, quand le châtiment a si peu de rigueur, que nous ayons un si grand nombre de récidives?

Eysses. — Le détenu des maisons centrales jouit en général d'un sort plus doux que celui qu'il avait dans la société..... Les personnes qui n'ont aucune habitude des prisons, qui ne connaissent ni le caractère ni les mœurs des détenus, ne peuvent ajouter foi à ce fait malheureusement trop réel : combien elles seraient désabusées si elles voyaient revenir tous les jours en prison des hommes qui en sont sortis depuis peu et qui rentrent au sein de cette population avec la gaieté et le contentement que témoignent des parents sensibles, lorsqu'après une longue absence ils rentrent au sein d'une famille qu'ils aiment et qui les affectionne tendrement.

Loos. — Les condamnations en récidive ne sont pas toujours le résultat nécessaire d'une plus grande perversité, ni des dispositions morales des condamnés qui les subissent; car en les supposant, au sortir de prison, aussi moralement régénérés que possible, que voulez-vous qu'ils deviennent dans le monde, s'ils n'y retrouvent ni fortune ni travail?

Leur masse de réserve offre à peine une moyenne de 60 à 70 francs, et ce n'est que dans des maisons de refuge qu'ils pourront trouver du travail.

Quoiqu'on ne puisse pas dire que les récidivistes soient en général les plus corrompus, cependant leur isolement total des autres condamnés est indispensable; car leur rentrée en prison produit un effet moral autrement fâcheux : ils donnent aux détenus condamnés pour la première fois la conviction que leur bonne conduite dans la prison et leur zèle pour le travail leur seront inutiles dans une société qui les repoussera impitoyablement. Il faut donc des quartiers séparés pour les récidivistes, et, ce qui serait encore mieux, des maisons spéciales.

Haguenau. — Quelle contradiction sociale! Un homme est-il frappé d'une peine et en prison? tout le monde s'en occupe; la philantropie, la religion, l'humanité cherchent à améliorer son sort. Le condamné a-t-il fait son temps et reparaît-il isolé dans la société? personne n'en veut; on craint son approche comme une souillure. C'est ce préjugé que les philantropes doivent attaquer. Ce n'est qu'en le faisant disparaître de chez les habitants des villes et des campagnes que l'on réussira à diminuer le nombre des récidives.

Limoges. — On ne craint pas d'avancer que la cause du grand nombre des récidives doit être attribuée au régime actuel des maisons centrales, qui dans le fait ne sont, pour les récidivistes, que de véritables pensionnats, où, pour être logés, nourris, entretenus, éclairés, chauffés et gagner de l'argent, ils n'ont d'autre dépense à faire que celle de quelques années de liberté, que des êtres aussi dégradés considèrent pour bien peu de chose, comme chaque jour leur rentrée en prison nous en fournit la preuve. Aussi est-il évidemment démontré maintenant qu'un tel régime n'est aucunement répressif et aurait grand besoin d'être changé dans plusieurs de ses parties. Il faudrait que le costume du récidiviste portât une marque distinctive qui le signalât à la honte de la population; que cette marque fût graduelle, selon qu'il rentrerait plus ou moins de fois, car nous en avons qui sont rentrés pour la 4ᵉ et 5ᵉ fois; que, sans être mauvais, son vêtement ne fût jamais neuf; qu'au lieu des deux tiers, il ne reçût que moitié du prix de son travail, dont un quart comptant et l'autre quart à sa masse; qu'il fût privé de tout secours venant du dehors, et que lorsqu'il mériterait d'être puni, sa punition fût toujours plus forte que pour les autres détenus.

Melun. — Les améliorations successives qui depuis longtemps ont été introduites dans les maisons centrales en ont fait de vastes fabriques, ou, excepté la liberté, le détenu est plus heureux que l'ouvrier libre, puisqu'il n'a point à s'occuper de ses premiers besoins.

Le système actuel de nos maisons est bon pour des détenus condamnés une première fois; il est insuffisant pour les récidivistes. Il faut à ces derniers un régime spécial, un emprisonnement qui devienne une véritable peine. Tous les jours on voit revenir des détenus libérés ou graciés, ou nous apprenons par la correspondance qu'ils sont rentrés dans d'autres maisons centrales ou envoyés au bagne.

La réunion dans une même maison centrale de détenus en première condamnation et de détenus en récidive, en y établissant des quartiers séparés, ne nous paraît pas aussi convenable que des maisons spéciales.

C'est un abus, que les condamnés en récidive partagent comme les autres condamnés le bénéfice de l'ordonnance du 2 avril 1817, sur la répartition du produit du travail. Les récidivistes ne devraient avoir comptant qu'une très-minime partie du produit de leur travail; ils devraient être divisés en plusieurs classes, selon leur conduite, leur moralité et leur application au travail, et passer alternativement de l'une à l'autre, selon qu'ils le mériteraient.

Il ne devrait point y avoir pour eux de cantine à vin et à comestibles.

Les sujets incorrigibles devraient être séquestrés dans des cellules solitaires, avec travail, au pain et à l'eau; la soupe ne leur serait donnée que lorsqu'ils auraient rempli leur tâche.

Plus le régime des prisons de récidivistes sera sévère, plus le nombre des détenus diminuera; mais, les maisons de récidive établies sur ce pied, il faudra que le régime des bagnes soit mis en rapport avec celui des maisons centrales, sinon les libérés ne sortiraient de celles-ci, que pour commettre des délits avec des circons-aggravantes qui les conduiraient aux bagnes.

Il est de toute nécessité, dans les maisons de récidive, que les détenus soient couchés dans des cellules séparées, et que le silence absolu soit prescrit; car tout doit y être empreint d'un sytème de sévérité qui en impose et qui dégoûte d'y revenir.

Nîmes. — La progression ascendante des condamnés en état de récidive peut être attribuée à deux causes principales: la première tient à la difficulté qu'il y a d'opérer des réformes morales au milieu des vices et de la corruption qui infectent nos maisons. L'éducation religieuse, l'instruction élémentaire et l'application au travail, ne sont pas toujours sans succès auprès des jeunes délinquants; mais il est rare de voir un condamné d'un âge mûr devenir homme de bien. Le plus souvent, celui qui arrive à moitié dépravé, s'en va tout à fait corrompu; à peine en liberté, il se hâte de dépenser en débauches de toute espèce le pécule qu'il avait acquis pendant sa captivité, et il continue ce genre de vie jusqu'à ce que la nécessité de recourir à de nouveaux délits le ramène devant les tribunaux, et de là dans les prisons. C'est ainsi que l'homme des champs retourne au vagabondage, celui des villes au vol et à l'escroquerie.

La seconde cause des récidives provient du bien-être matériel qu'éprouvent les condamnés. Les améliorations qui ont eu lieu depuis plusieurs années dans les maisons centrales excitent bien souvent l'envie de l'homme libre et malheureux.

Un quartier séparé dans la même maison, mais avec une différence de régime et de discipline, compliquerait le service et la comptabilité. Des prisons spéciales, sur le modèle des États-Unis, paraissent préférables. Quoiqu'institué pour les cas de récidive, il faudrait que l'administration eût la faculté de faire transférer dans ce pénitencier les détenus de nos maisons, que la douceur de leur régime actuel ne peut corriger. La translation n'aurait lieu que par décision ministérielle, et sur la demande motivée de l'administration locale, et à la même époque où l'on s'occupe des états de grâce pour ceux qui tiennent une bonne conduite; cette mesure aurait une grande importance pour l'ordre, la discipline et la réforme dans nos établissements.

Alors même que nos mœurs et notre législation ne permettraient pas d'adopter dans son entier le système américain, on pourrait du moins lui emprunter ses principaux avantages : des cellules solitaires pour le coucher; pendant le jour, des ateliers communs à 15 ou 20 individus au plus; on y enseignerait les professions les plus usuelles, celles de cordonnier, de tailleur, de menuisier, de tisserand, etc., etc., que le condamné peut exercer dans quelque lieu qu'il habite après sa libération; un gardien serait inamovible dans chaque atelier, pour surveiller les paroles et les actions de chacun des travailleurs; plus de denier de poche; tout le salaire mis en réserve pour le moment de la sortie, la nourriture uniforme, point de cantine, les repas pris dans la cellule, le travail pour unique distraction; en un mot, toutes les rigueurs que permettent nos lois et la philanthropie du siècle. Ce serait le seul moyen de diminuer le nombre des récidives: il est possible que la réforme morale fût incomplète, mais la crainte du châtiment et le malaise que le condamné aurait éprouvé dans la prison le maintiendraient dans des voies de droiture; c'est tout ce que la société est en droit d'exiger.

Poissy. — La progression ascendante des récidives tient à trois causes tout à fait indépendantes du régime actuel des maisons centrales. La première est dans l'organisation morale de quelques malheureux dont les penchants criminels les portent pour ainsi dire naturellement à commettre sans cesse de nouveaux délits ; la deuxième cause est dans la prévention qui existe dans la société contre tout individu qui sort de prison ; la troisième cause est dans la surveillance de la haute police, qui les désigne inévitablement comme libérés à la société, qui les réprouve lorsqu'elle les connaît.

Rennes. — Le tiers environ de la population de la maison est récidiviste ; les causes en sont nombreuses : 1° la plupart des détenus libérés ont travaillé dans la maison à une industrie qu'ils ne peuvent exercer lorsqu'ils rentrent dans la société ; 2° le titre de libéré est un grand obstacle pour se procurer de l'ouvrage ; 3° les récidivistes savent qu'ils ne sont pas plus sévèrement traités dans la prison, en deuxième, troisième, quatrième condamnation, que pendant la première ; 4° la pauvreté de ce pays, dont la population est nombreuse, fait que beaucoup de condamnés se trouvent plus malheureux, à leur sortie, qu'à la maison centrale ; 5° l'homme qui a vieilli dans les prisons y a appauvri son tempérament et ses forces ; il ne peut que difficilement se livrer au travail dans la société.

Riom. — Le nombre des condamnés en récidive augmente chaque jour dans une progression effrayante : il ne faut pas rester longtemps dans une maison centrale pour s'assurer de cette triste vérité.

Trois causes principales peuvent être assignées aux récidives ; la première, c'est que les détenus récidivistes se trouvent trop bien dans les maisons centrales ; la deuxième, est cette répugnance que l'on éprouve généralement en France à recevoir chez soi des condamnés libérés et à les faire travailler ; la troisième, est dans la mise en surveillance de la haute police, surveillance qui signale inévitablement, d'un jour à l'autre, les libérés à la connaissance du public.

Quel est le remède à ce mal ? Il est difficile à trouver. Ne serait-il pas possible de faire gagner leur subsistance aux libérés qui ont la volonté de se bien conduire, et qui n'ont aucune ressource par eux-mêmes, ni par leur famille, en les occupant à des travaux publics de construction, à des défrichements, à des dessèchements de marais, à des ouvertures de canaux, aux routes et autres travaux d'utilité publique ? Tous les condamnés qui ne sauraient comment gagner leur vie, à leur sortie de prison, trouveraient là un port contre le mépris qui les poursuit, et qui les force souvent à un second naufrage.

Ensisheim. — Les détenus abusent indignement de leur masse de réserve. On a vu des hommes et des femmes libérés répandre, à Ensisheim même, leurs masses entières dans des maisons de débauche, au milieu des orgies les plus dégoûtantes. Le Gouvernement a adopté, depuis, la sage mesure d'ordonner le versement à domicile de la plus forte partie des masses de réserve. Cette mesure rend en effet le départ de nos détenus moins scandaleux. Mais le remède n'est qu'un palliatif ; les libérés, après avoir touché ces masses, se réunissent aux fêtes des villages et dans les maisons publiques des villes, et peu après, il n'en existe plus de traces ; c'est alors que se forment les associations et les projets de mauvais coups isolés, dont l'exécution les ramène successivement aux maisons centrales. Peut-être que plusieurs d'entre eux, s'ils avaient été dénués d'une certaine somme, qui les invitait à la débauche, se seraient livrés au travail et seraient rentrés dans des voies honnêtes. Mais c'est ici une conjecture qui pourrait être combattue.

Une autre occasion de récidives, c'est la facilité avec laquelle les tribunaux admettent les prévenus, sous tel nom et avec telle indication de patrie que ces derniers jugent à propos de déclarer. Il en résulte qu'un même individu se trouve condamné successivement à de légères peines, comme étant censé coupable d'un premier délit.

Il importerait beaucoup que la législation prononçât des peines très-sévères contre l'homme criminel par habitude.

Mont-Saint-Michel. — Les partisans de la douceur de régime à établir dans nos maisons centrales objectent la privation de la liberté, ce premier de tous les biens, celui sans lequel tous les autres ne sont rien. La liberté! Pourrait-on bien assurer qu'elle est un avantage pour tous les hommes? Il y en a pour lesquels elle n'est qu'un fardeau insupportable. Il y a beaucoup de détenus qui se vantent d'être les enfants de la maison dans laquelle ils ont vécu plusieurs années, qui se sont habitués à la vie de prisonniers, qui ne se trouvent bien que là, et qui n'ont pas plutôt recouvré la liberté, qu'ils commettent un nouveau délit uniquement pour se faire remettre dans le lieu de repos et de jouissances relatives qu'ils viennent de quitter.

Si, au lieu de cela, il y avait dans ces établissements un régime sévère; si tout y respirait une salutaire austérité; si les déclamations de certaines gens n'y accompagnaient pas, n'y protégeaient pas les détenus; si ces derniers s'apercevaient qu'au lieu d'inspirer de la bienveillance, ils sont l'objet d'un blâme et d'un éloignement bien prononcés, croit-on qu'ils aimeraient autant la prison, et qu'une fois libérés, ils auraient besoin d'y rentrer pour se procurer quelque bien-être? Non; ces mêmes hommes qui aujourd'hui se font condamner quatre, cinq et six fois, pour se procurer un sort heureux, chercheraient ailleurs que dans nos prisons ce qu'ils désirent; ils se livreraient au travail et non au vol : de nuisibles qu'ils sont, ils deviendraient utiles.

Ce ne sont pas là de vaines théories; ces idées sont puisées dans la nature même des hommes dont il est question, et dans une longue suite d'observations faites avec soin au milieu des éléments qu'il s'agissait d'étudier et de connaître.

Nos maisons centrales, avec leur organisation actuelle, offriront un bon, un excellent système pénitentiaire, du jour où l'on aura fermé la porte de ces établissements à la sensibilité publique, et lorsque surtout on aura introduit plus d'austérité dans l'ensemble des mesures d'ordre et de discipline. Alors nos pénitenciers seront les plus parfaits qui existent, sans en excepter ceux des États-Unis d'Amérique, où l'on emploie l'éloquente morale du fouet. . . . . Chez nous, il n'y aura rien d'inhumain.

CHAPITRE VII. — *SECOURS.*

Ensisheim. — L'influence des secours pécuniaires envoyés aux détenus est en sens inverse de leur travail : plus ils tirent du dehors, et moins ils cherchent à gagner dans l'intérieur.

. . . .

Des maris, des fils de parents indigents, prétextent des maladies qui n'existent pas, pour soutirer des secours qui sont pris sur le nécessaire de la famille, et qui sont tout aussitôt dissipés à la cantine.

Tous ces envois d'argent sont très-abondants, et forment, terme moyen, une somme d'environ 4,800 francs par an. Ces sommes, ainsi que le produit à la main (denier de poche) résultant des travaux des détenus, et qui s'élève, terme moyen, à 23,800 francs par an, tout cela se consomme à la cantine.

Il y aurait dans ce calcul une légère exception à faire concernant quelques usuriers qui, au lieu de manger leur argent, le mettent à haut intérêt parmi leurs camarades. La police de la maison punit sévèrement ces usuriers, lorsqu'elle parvient à les atteindre; mais ce n'est pas toujours chose possible.

Des dettes contractées dans la maison par des détenus qui ont été libérés, et qu'ils avaient voulu rembourser par leurs masses, ce à quoi l'administration s'oppose, rentrent plus tard par des envois par la poste. Les détenus ont souvent de la conscience entre eux, et c'est encore là un des caractères qui constituent leur état de famille.

Mont-Saint-Michel. — Il arrive quelquefois que des condamnés libérés, parvenus à leur domicile, envoient à leurs camarades des sommes plus ou moins fortes au moyen de la masse de réserve qu'ils ont trouvée chez le percepteur. Ces sommes sont ordinairement le remboursement d'emprunts faits pendant la captivité, et quelquefois aussi le payement de complaisances criminelles. Les liens de cette nature, tout honteux qu'ils sont, laissent des traces profondes.

Toutes les fois que l'origine des envois de fonds n'est pas bien prouvée, il y a sagesse et raison à en verser le montant à la caisse des charités.

CHAPITRE VIII. — *CONDAMNÉS LIBÉRÉS.*

Clairvaux. — La correspondance des condamnés libérés avec leurs camarades détenus est très-rare. Ceux qui écrivent s'expriment toujours avec une grande réserve; et hors le cas où il s'agit de renseignements à fournir sur quelque libéré qui a rompu son ban de surveillance, les confidences de la prison ne s'appliquent presque jamais aux faits qui se passent au dehors.

Parmi les libérés qui ne sont pas repoussés par leurs familles, et qui, fermement désireux de travail, finissent par en trouver, les deux tiers au moins se conduisent bien.

Un sixième succombe, faute de persévérance et pour ne pouvoir parvenir à dompter un profond sentiment de paresse, maladie générale et invétérée de cette espèce d'hommes. Le reste vole fatalement, par manie, aussi impuissant à résister à la tentation que nous le sommes à éviter un accès de fièvre ou une migraine.

Ceux qui ne veulent pas de travail ou ne peuvent en trouver se prêtent, pour vivre, à toutes les exigences de leur mauvaise position, vagabondent, mendient et volent toutes les fois que l'occasion leur en est offerte, les meilleurs, et peut-être les plus nombreux, sont ceux qui dérobent la première bagatelle venue, soigneux d'agir à découvert, pour que leur affaire soit plutôt teminée; les plus habiles, sont ceux qui vont s'établir dans les grandes villes ou courent les foires; les plus dangereux, ceux qui se procurent, sous un nom ou sous un autre, des patentes de colporteurs, et, une balle de marchandises avariées sur le dos, courent le pays: ceux-là sont presque tous affiliés à des bandes, et leur mission principale est d'étudier les localités.

Gaillon. — Il faudrait établir pour les libérés des succursales de travail ou maisons de refuge. Il conviendrait mieux de placer ces établissements dans les grandes villes, qui offrent, d'un côté, des ressources industrielles variées, et de l'autre, des moyens de police que l'on ne trouverait pas ailleurs; il serait dangereux de placer ces succursales à côté de chaque maison centrale, par une foule de raisons : 1° les libérés continueraient d'entretenir des rapports avec les détenus; 2° à l'époque des libérations, ils se tiendraient à l'affût des partants pour leur escroquer leur argent ou les séduire; 3° dans un moment de crise, il y aurait danger à ce voisinage de malfaiteurs libres et de malfaiteurs détenus.

Ensisheim. — Quant aux passe-ports que le Gouvernement délivre à nos détenus libérés, et qu'il fait marquer par précaution, des lettres initiales C, R, F, c'est déjà un secret éventé dans toute la France; il n'y a pas un gendarme ni un sergent de police qui ne connaisse cette formule. Ainsi le porteur du passe-port est tout aussitôt reconnu et proclamé, comme il l'avait été auparavant avec son *congé de détenu.* C'était un résultat inévitable, et c'est presque un bien. Permis à un directeur, ou à tout autre employé d'une maison centrale, de prendre à son service des détenus libérés et qu'il croit corrigés; il sait qu'il court une chance, et il prend ses précautions en conséquence. mais pourrait-on en dire autant de ces honnêtes fermiers qui, sur la confiance d'un passe-port, recevraient des brigands, et qui, dans une malheureuse nuit, se trouvraient volés, assassinés, incendiés. Heureusement que les passe-ports ne suffisent pas toujours pour l'admission d'un ouvrier, ou d'un domestique étranger, et que le père de famille intelligent exige en outre des certificats de bonne vie et mœurs, bien authentiques.

TROISIÈME PARTIE.

TABLEAUX STATISTIQUES;

LOIS, ORDONNANCES;
EXTRAITS DE RÈGLEMENTS, DE RAPPORTS AU ROI, ET A LA SOCIÉTÉ ROYALE DES PRISONS, ET DE COMPTES RENDUS AUX DEUX CHAMBRES.

TABLEAU du produit de la main-d'œuvre en 1832.

MAISONS.		RETENU par l'entrepreneur pour son tiers.	PAYÉ COMPTANT aux détenus.	VERSÉ à LA CAISSE des masses.	TOTAL.	PRIX MOYEN GAGNÉ par chaque détenu. Pendant l'année.	PRIX MOYEN GAGNÉ par chaque détenu. Par jour.
BEAULIEU	(Deux sexes).	23,238f 25c	23,454f 43c	23,022f 07c	69,714f 75c	88f 27c	24c 15m
CADILLAC	(Femmes).	2,853 76	2,868 12	2,854 51	8,576 39	39 00	10 60
CLAIRVAUX	(Deux sexes).	47,615 85	48,319 41	47,259 04	143,194 30	79 64	21 82
CLERMONT	(Femmes).	19,891 33	20,653 03	19,516 87	60,061 23	111 22	30 47
EMBRUN	(Hommes).	17,686 01	17,686 01	17,686 01	53,058 03	69 54	19 05
ENSISHEIM	(Hommes).	23,556 77	23,975 80	23,766 44	71,299 01	82 62	22 63
EYSSES	(Hommes).	21,962 20	21,740 96	21,851 50	65,554 66	58 32	16 00
FONTEVRAULT	(Deux sexes).	32,101 99	32,884 22	31,797 04	96,783 25	72 40	19 83
GAILLON	(Deux sexes).	27,983 48	33,321 24	26,057 87	87,362 59	75 19	20 60
HAGUENAU	(Femmes).	11,556 33	11,583 60	11,542 16	34,682 09	55 50	15 20
LIMOGES	(Deux sexes).	18,230 38	18,224 46	18,231 17	54,686 01	76 58	20 98
LOOS	(Deux sexes).	29,971 43	30,028 91	30,057 01	90,057 35	64 60	17 70
MELUN	(Hommes).	36,886 17	39,021 60	37,632 63	113,540 40	128 15	35 11
MONTPELLIER	(Femmes).	9,996 87	11,155 34	11,289 65	32,441 86	74 92	20 47
MONT-SAINT-MICHEL	(Hommes).	14,497 49	14,648 26	14,695 17	43,840 92	66 42	18 20
NISMES	(Hommes).	26,272 77	33,895 70	28,186 77	88,355 24	86 28	23 64
POISSY	(Hommes).	21,824 91	25,191 81	22,823 18	69,839 90	111 03	30 41
RENNES	(Deux sexes).	19,200 55	19,782 63	18,891 84	57,875 02	101 36	27 77
RIOM	(Hommes).	8,439 40	10,401 10	10,192 07	29,032 57	54 47	14 92
TOTAUX		413,765 94	438,836 63	417,353 00	1,269,955 57	77 96	21 36

TABLEAU du produit de la main-d'œuvre en 1833.

MAISONS.		RETENU par l'entrepreneur pour son tiers.	PAYÉ COMPTANT aux détenus.	VERSÉ à LA CAISSE des masses.	TOTAL.	PRIX MOYEN GAGNÉ par chaque détenu. Pendant l'année.	PRIX MOYEN GAGNÉ par chaque détenu. par jour.
BEAULIEU	(Deux sexes).	25,457f 98c	25,605f 91c	25,310f 05c	76,373f 94c	99f 75c	27c 33m
CADILLAC	(Femmes).	2,604 41	2,604 41	2,596 29	7,805 11	55 81	15 30
CLAIRVAUX	(Deux sexes).	46,990 80	47,210 49	46,411 19	140,612 48	81 65	22 37
CLERMONT	(Femmes).	22,104 36	22,660 75	21,526 42	66,291 53	126 45	34 70
EMBRUN	(Hommes).	18,603 19	18,603 19	18,603 19	55,809 57	70 40	19 29
ENSISHEIM	(Hommes).	20,846 51	21,300 47	21,079 95	63,226 93	76 28	20 90
EYSSES	(Hommes).	24,326 57	23,845 71	24,475 15	72,647 43	63 72	17 40
FONTEVRAULT	(Deux sexes).	35,424 68	36,211 44	35,235 43	106,871 55	73 32	20 09
GAILLON	(Deux sexes).	34,493 62	39,872 40	32,394 98	106,761 00	96 88	26 53
HAGUENAU	(Femmes).	11,196 93	12,075 90	11,090 46	34,363 29	56 37	15 44
LIMOGES	(Deux sexes).	25,103 37	25,089 16	25,107 60	75,300 13	91 38	25 00
LOOS	(Deux sexes).	33,228 34	33,248 54	33,352 05	99,828 93	75 99	20 82
MELUN	(Hommes).	38,906 61	40,569 55	39,665 22	119,141 38	140 16	38 40
MONTPELLIER	(Femmes).	10,098 04	11,631 28	11,650 27	33,379 59	77 75	21 30
MONT-SAINT-MICHEL	(Hommes).	13,510 66	13,510 66	13,510 66	40,531 98	67 52	18 50
NISMES	(Hommes).	32,561 55	32,561 55	33,039 23	98,162 33	89 79	24 60
POISSY	(Hommes).	28,779 03	33,787 55	30,308 40	92,874 98	140 09	30 02
RENNES	(Deux sexes).	20,943 72	20,943 72	20,943 72	62,831 16	115 28	31 60
RIOM	(Hommes).	12,566 77	12,566 77	12,186 90	37,352 43	70 61	19 38
TOTAUX		457,779 13	473,899 45	458,487 16	1,390,165 74	87 23	23 90

TABLEAU du produit de la main-d'œuvre en 1834.

MAISONS.		RETENU par l'entrepreneur pour son tiers.	PAYÉ COMPTANT aux détenus.	VERSÉ à LA CAISSE des masses.	TOTAL.	PRIX MOYEN GAGNÉ par chaque détenu. Pendant l'année.	Par jour.
BEAULIEU	(Deux sexes).	29,886f 81c	29,886f 81c	29,886f 81c	89,660f 43c	114f 70c	31c 70m
CADILLAC	(Femmes).	2,874 10	2,874 10	2,862 60	8,610 80	42 34	11 60
CLAIRVAUX	(Deux sexes).	46,074 60	46,959 81	46,209 45	139,243 86	83 84	22 97
CLERMONT	(Femmes).	22,503 62	23,100	22,003 37	67,606 99	138 25	37 33
EMBRUN	(Hommes).	23,780 18	23,780 18	23,780 18	71,340 54	93 44	25 60
ENSISHEIM	(Hommes).	22,548 66	23,047 98	22,798 36	68,395 00	80 30	22
EYSSES	(Hommes).	26,393 29	26,596 24	26,761 30	79,750 83	70 33	19 27
FONTEVRAULT	(Deux sexes).	36,157 32	37,229 29	36,051 88	109,438 49	78 34	21 47
GAILLON	(Deux sexes).	39,585 52	40,125 98	39,292 42	119,003 92	111 83	30 64
HAGUENAU	(Femmes).	11,949 73	14,037 29	11,808 82	37,795 84	65 70	18
LIMOGES	(Deux sexes).	25,564 31	25,540 71	25,587 93	76,692 95	93 65	25 66
LOOS	(Deux sexes).	37,601 16	37,630 33	37,675 38	112,906 87	92 85	25 44
MELUN	(Hommes).	41,860 29	45,880 02	45,935 48	133,675 79	140 12	38 39
MONTPELLIER	(Femmes).	9,553 90	10,996 22	11,021 34	31,571 46	73 00	20
MONT-SAINT-MICHEL	(Hommes).	12,229 23	12,229 23	12,220 19	36,678 65	65 78	18
NISMES	(Hommes).	32,958 11	37,206 51	38,837 25	109,001 87	90 99	24 93
POISSY	(Hommes).	35,161 52	37,372 70	36,704 02	109,238 24	169 10	46 33
RENNES	(Deux sexes).	20,853 25	20,853 25	20,853 25	62,559 75	115 23	31 57
RIOM	(Hommes).	15,735 32	15,775 09	14,892 73	46,403 14	82 12	22 50
TOTAUX		493,270 92	511,121 74	505,182 76	1,509,575 42	95 52	26 17

TABLEAU du produit de la main-d'œuvre en 1835.

MAISONS.		RETENU par l'entrepreneur pour son tiers.	PAYÉ COMPTANT aux détenus.	VERSÉ à LA CAISSE des masses.	TOTAL.	PRIX MOYEN GAGNÉ par chaque détenu. Pendant l'année.	Par jour.
BEAULIEU	(Deux sexes).	30,835f 56c	30,835f 56c	30,835f 56c	92,506f 68c	122f 75c	33c 63m
CADILLAC	(Femmes).	3,752 85	3,752 85	3,737 11	11,242 81	54 75	15
CLAIRVAUX	(Deux sexes).	45,862 08	45,862 08	45,862 08	137,586 24	78 10	21 29
CLERMONT	(Femmes).	21,186 75	20,828 09	20,436 53	62,451 37	133 37	36 54
EMBRUN	(Hommes).	29,410 47	29,410 48	29,410 47	88,231 42	116 10	31 81
ENSISHEIM	(Hommes).	26,932 15	26,932 15	26,932 15	80,796 45	94 17	25 80
EYSSES	(Hommes).	25,772 16	26,088 33	26,242 56	78,103 05	70 40	19 29
FONTEVRAULT	(Deux sexes).	38,229 59	41,951 47	38,855 31	119,036 37	81 76	22 40
GAILLON	(Deux sexes).	40,771 26	41,392 57	40,464 40	122,628 23	117 89	32 30
HAGUENAU	(Femmes).	11,884 95	13,911 02	11,705 29	37,501 26	70 55	19 33
LIMOGES	(Deux sexes).	25,135 49	25,135 49	25,135 49	75,406 47	96 00	26 30
LOOS	(Deux sexes).	40,290 61	40,290 61	40,290 61	120,871 83	102 56	28 10
MELUN	(Hommes).	50,265 12	54,489 91	53,309 61	158,064 94	154 97	42 46
MONTPELLIER	(Femmes).	9,588 56	10,909 18	11,031 77	31,529 51	76 65	21
MONT-SAINT-MICHEL	(Hommes).	9,962 56	9,962 56	9,962 56	29,887 68	62 05	17
NISMES	(Hommes).	30,032 30	34,094 69	34,417 42	98,544 41	80 84	22 15
POISSY	(Hommes).	38,770 51	40,541 10	40,233 22	119,544 83	181 84	49 82
RENNES	(Deux sexes).	22,685 86	22,685 86	22,685 86	68,057 58	125 92	34 50
RIOM	(Hommes).	18,734 15	18,734 20	16,473 30	53,941 65	105 85	29
TOTAUX		520,103 28	537,808 20	528,021 30	1,585,932 78	100 70	27 59

Situation de la Caisse des masses de réserve au 31 décembre 1835.

MAISONS.	RENTES 5 p. 0/0.	SOMMES EMPLOYÉES à leur achat.	EN CAISSE au 31 DÉCEMBRE 1835.	TOTAL.	APPARTENANT à LA MAISON.	APPARTENANT aux DÉTENUS.
BEAULIEU	8,729f	165,589f	1,653f	167,242f	99,974f	67,268f
CADILLAC	1,245	23,553	1,916	25,469	17,530	7,939
CLAIRVAUX	21,170	387,267	8,105	395,372	294,847	100,525
CLERMONT	5,200	102,940	2,675	105,615	50,225	55,390
EMBRUN	8,000	150,138	1,169	151,307	98,173	53,134
ENSISHEIM	8,168	150,806	5,732	156,538	104,706	51,832
EYSSES	7,860	151,907	3,556	155,463	106,094	49,369
FONTEVRAULT	11,806	216,712	3,208	219,920	145,443	74,477
GAILLON	11,699	224,225	2,222	226,447	146,912	79,535
HAGUENAU	3,349	66,834	89	66,923	41,362	25,561
LIMOGES	8,300	161,097	33	161,130	110,388	50,742
LOOS	7,780	157,345	4,495	161,840	91,582	70,258
MELUN	14,880	279,549	8,993	288,542	191,569	96,973
MONTPELLIER	5,476	102,527	1,347	103,874	71,281	32,593
MONT-SAINT-MICHEL	5,405	99,928	895	100,823	73,734	27,089
NÎMES	9,157	180,169	4,769	184,938	119,570	65,368
POISSY	7,000	135,798	6,348	142,146	84,381	57,765
RENNES	7,300	136,099	2,178	138,277	92,867	45,410
RIOM	3,708	72,866	2,824	75,690	46,405	29,285
TOTAUX	156,232f	2,965,349f	62,207f	3,027,558f	1,887,043f	1,040,513f

Situation, à diverses époques, des rentes 5 p. 0/0 acquises en exécution de l'ordonnance royale du 8 septembre 1819.

Les maisons centrales possédaient, savoir :

Au 1er janvier	1821	19,962f de rente 5 p. 0/0.
Idem	1824	50,817
Idem	1828	90,141
Idem	1829	98,066
Idem	1830	104,173
Idem	1831	110,983
Idem	1832	118,642
Idem	1833	124,413
Idem	1834	133,095
Idem	1835	144,127
Idem	1836	156,232

Les 156,232f de rente, au 1er janvier 1836, représentent un capital employé de 2,965,349f.

TABLEAU des Journées de détention, de travail et d'infirmerie en 1835.

MAISONS.	POPULATION MOYENNE d'après le nombre de journées de détention.	NOMBRE DE JOURNÉES			RESTE pour LES JOURNÉES d'oisifs, de détenus en punition, et les jours fériés.
		de DÉTENTION.	de TRAVAIL.	D'INFIRMERIE.	
BEAULIEU	754	275,002	213,920	12,510	48,572
CADILLAC	205	74,610	51,881	4,767	17,962
CLAIRVAUX	1,770	646,260	484,702	30,808	130,750
CLERMONT	468	170,894	133,040	4,171	33,683
EMBRUN	760	277,353	203,021	20,043	54,289
ENSISHEIM	858	313,070	222,970	27,329	62,771
EYSSES	1,108	404,792	312,614	24,642	67,536
FONTEVRAULT	1,456	531,390	378,499	46,984	105,907
GAILLON	1,039	379,231	269,444	31,361	78,426
HAGUENAU	539	196,596	156,732	9,267	30,597
LIMOGES	788	287,494	218,855	10,139	58,500
LOOS	1,176	429,309	311,902	29,723	87,684
MELUN	1,020	372,215	273,650	22,262	76,303
MONTPELLIER	405	147,692	116,220	7,943	25,529
MONT-SAINT-MICHEL	480	175,101	122,480	9,165	43,456
NIMES	1,218	444,739	334,392	23,305	87,042
POISSY	657	239,921	187,173	11,587	41,161
RENNES	540	197,248	151,436	10,038	35,774
RIOM	509	186,095	136,792	12,530	36,773
TOTAUX	15,750	5,749,012	4,277,723	348,574	1,222,715

ÉTAT numérique des Condamnés travailleurs et des Condamnés inoccupés, au 1er janvier 1836.

MAISONS.	POPULATION au 1er JANVIER 1836.	OCCUPÉS à toute espèce de TRAVAUX.	NON OCCUPÉS		
			pour cause D'INFIRMITÉS ou de vieillesse.	pour cause DE SÉJOUR aux infirmeries.	pour cause de PUNITION.
BEAULIEU	733	670	15	41	7
CADILLAC	210	174	19	16	1
CLAIRVAUX	1,792	1,625	76	88	3
CLERMONT	479	451	13	15	″
EMBRUN	751	650	25	53	23
ENSISHEIM	827	740	10	77	″
EYSSES	1,111	1,013	11	74	13
FONTEVRAULT	1,463	1,275	36	140	12
GAILLON	1,010	900	9	101	″
HAGUENAU	509	475	5	29	″
LIMOGES	814	716	17	80	1
LOOS	1,162	1,014	40	104	4
MELUN	1,071	973	10	60	28
MONTPELLIER	409	375	″	32	2
MONT-SAINT-MICHEL	532	490	2	32	8
NIMES	1,167	1,028	66	57	16
POISSY	681	613	″	48	20
RENNES	567	516	16	30	5
RIOM	582	510	30	36	6
TOTAUX	15,870	14,208	400	1,113	149

Mouvements de la population des Maisons centrales en 1832.

MAISONS CENTRALES.	POPULATION au 31 décembre 1831.		ENTRÉS en 1832.		TOTAL.	SORTIS EN 1832.						RESTE au 1er janvier 1833.		
	Hommes.	Femmes.	Hommes.	Femmes.		Libérés.	Graciés.	Extraits	Évadés.	Décédés.	TOTAL.	Hommes.	Femmes.	TOTAL.
Beaulieu	467	303	171	90	1,031	212	8	"	1	32	253	484	294	778
Cadillac	"	225	"	83	308	87	"	2	1	11	101	"	207	207
Clairvaux	1,353	509	529	142	2,533	523	111	11	3	117	765	1,299	469	1,768
Clermont	"	523	"	147	670	202	23	2	"	16	143	"	527	527
Embrun	706	"	397	"	1,103	212	47	29	1	41	330	773	"	773
Ensisheim	834	"	311	"	1,145	226	26	29	1	44	326	819	"	819
Eysses	1,079	"	497	"	1,576	322	34	3	"	90	449	1,127	"	1,127
Fontevrault	919	365	531	145	1,960	354	37	56	"	80	527	1,058	375	1,433
Gaillon	782	417	291	99	1,589	253	31	11	"	130	425	767	397	1,164
Haguenau	"	593	"	272	865	169	18	4	"	27	218	"	647	647
Limoges	709	260	339	107	1,415	320	81	7	"	144	552	614	249	863
Loos	851	467	576	177	2,071	345	110	25	1	195	676	970	425	1,395
Melun	921	"	208	"	1,129	192	60	10	"	46	308	821	"	821
Montpellier	"	431	"	175	606	138	11	3	"	14	166	"	440	440
Mont-Saint-Michel	642	"	232	"	874	162	11	"	"	63	236	638	"	638
Nîmes	967	"	491	"	1,458	257	112	12	"	73	454	1,004	"	1,004
Poissy	615	"	313	"	928	191	30	31	1	40	293	635	"	635
Rennes	297	289	89	79	754	138	35	9	"	27	209	274	271	545
Riom	531	"	228	"	762	134	68	20	"	30	252	510	"	510
Totaux	11,676	4,382	5,203	1,516	22,777	4,337	853	264	9	1,220	6,683	11,793	4,301	16,094

Mouvements de la population des Maisons centrales en 1833.

MAISONS CENTRALES.	POPULATION au 31 décembre 1832.		ENTRÉS en 1833.		TOTAL.	SORTIS EN 1833.						RESTE au 1er janvier 1834.		
	Hommes.	Femmes.	Hommes.	Femmes.		Libérés.	Graciés.	Extraits	Évadés.	Décédés.	TOTAL.	Hommes.	Femmes.	TOTAL.
Beaulieu	484	294	203	89	1,070	233	13	2	2	35	285	499	286	785
Cadillac	"	207	"	79	286	54	9	1	"	11	75	"	211	211
Clairvaux	1,299	469	469	100	2,337	505	49	12	"	103	669	1,269	399	1,668
Clermont	"	527	"	157	684	127	26	1	"	16	170	"	514	514
Embrun	773	"	368	"	1,141	276	20	10	"	41	347	794	"	794
Ensisheim	819	"	366	"	1,185	252	15	30	1	58	356	829	"	829
Eysses	1,127	"	557	"	1,684	371	47	11	1	118	548	1,136	"	1,136
Fontevrault	1,058	375	398	101	1,932	462	15	6	"	84	567	1,037	328	1,365
Gaillon	767	397	233	86	1,483	321	18	10	"	67	416	714	353	1,067
Haguenau	"	647	"	230	877	196	18	"	"	64	278	"	599	599
Limoges	614	249	304	82	1,249	206	4	"	"	138	438	596	215	811
Loos	970	425	410	128	1,933	511	47	14	"	123	695	879	359	1,238
Melun	821	"	324	"	1,145	165	36	8	1	22	232	913	"	913
Montpellier	"	440	"	153	593	145	3	1	"	12	161	"	432	432
Mont Saint-Michel	638	"	252	"	890	181	21	39	"	65	306	584	"	584
Nîmes	1,004	"	577	"	1,581	343	"	10	"	102	455	1,126	"	1,126
Poissy	635	"	357	"	992	250	19	20	1	35	325	667	"	667
Rennes	274	271	98	94	737	114	36	9	"	32	191	278	268	546
Riom	510	"	256	"	766	152	27	13	1	32	225	541	"	541
Totaux	11,793	4,301	5,172	1,299	22,565	4,954	423	197	7	1,158	6,739	11,862	3,964	15,826

Mouvements de la population des Maisons centrales en 1834.

MAISONS CENTRALES.	POPULATION au 31 décembre 1833.		ENTRÉS en 1834.		TOTAL.	SORTIS EN 1834.						RESTE au 1er janvier 1835.		
	Hommes.	Femmes.	Hommes.	Femmes.		Libérés.	Graciés.	Extraits	Évadés.	Décédés.	TOTAL.	Hommes.	Femmes.	TOTAL.
Beaulieu	499	286	208	73	1,066	238	1	8	//	33	280	524	262	786
Cadillac	//	211	//	78	289	81	5	2	//	13	101	//	188	188
Clairvaux	1,269	399	497	119	2,284	478	40	15	2	67	602	1,297	385	1,682
Clermont	//	514	//	118	632	134	6	//	//	14	154	//	478	478
Embrun	794	//	280	//	1,074	246	14	12	//	54	326	748	//	748
Ensisheim	829	//	340	//	1,169	252	5	15	//	51	323	846	//	846
Eysses	1,136	//	522	//	1,658	398	18	4	//	140	560	1,098	//	1,098
Fontevrault	1,037	328	547	95	2,007	500	13	6	//	80	599	1,128	280	1,408
Gaillon	714	353	260	101	1,428	301	8	3	//	85	397	696	335	1,031
Haguenau	//	599	//	180	779	189	20	1	//	36	246	//	533	533
Limoges	596	215	252	99	1,162	277	11	11	//	91	390	547	225	772
Loos	879	359	323	129	1,690	382	34	25	4	64	509	826	355	1,181
Melun	913	//	407	//	1,320	229	10	25	//	35	299	1,021	//	1,021
Montpellier	//	432	//	152	584	153	4	1	//	21	179	//	405	405
Mont-Saint-Michel	584	//	170	//	754	143	6	82	//	22	253	501	//	501
Nîmes	1,126	//	530	//	1,656	320	14	10	1	85	430	1,226	//	1,226
Poissy	667	//	257	//	924	265	11	30	//	23	329	595	//	595
Rennes	278	268	94	83	723	125	42	7	//	23	197	280	246	526
Riom	541	//	203	//	744	176	12	7	//	42	237	507	//	507
Totaux	11,862	3,964	4,890	1,227	21,943	4,887	274	264	7	979	6,411	11,840	3,692	15,532

Mouvements de la population des Maisons centrales en 1835.

MAISONS CENTRALES.	POPULATION au 31 décembre 1834.		ENTRÉS en 1835.		TOTAL.	SORTIS EN 1835.						RESTE au 1er janvier 1836.		
	Hommes.	Femmes.	Hommes.	Femmes.		Libérés.	Graciés.	Extraits	Évadés.	Décédés.	TOTAL.	Hommes.	Femmes.	TOTAL.
Beaulieu	524	262	176	73	1,035	234	10	37	//	21	302	481	252	733
Cadillac	//	188	//	95	283	68	//	//	//	5	73	//	210	210
Clairvaux	1,297	385	656	139	2,477	521	42	10	2	110	685	1,416	376	1,792
Clermont	//	478	//	159	637	119	15	8	//	16	158	//	479	479
Embrun	748	//	277	//	1,025	203	15	7	//	49	274	751	//	751
Ensisheim	846	//	343	//	1,189	253	9	44	//	56	362	827	//	827
Eysses	1,098	//	529	//	1,627	379	9	3	1	124	516	1,111	//	1,111
Fontevrault	1,128	280	553	110	2,071	497	19	11	//	81	608	1,171	292	1,463
Gaillon	696	335	254	101	1,386	285	9	6	//	76	376	697	313	1,010
Haguenau	//	533	//	198	731	170	20	1	1	30	222	//	509	509
Limoges	547	225	298	89	1,159	253	10	6	//	76	345	608	206	814
Loos	826	355	413	114	1,708	421	30	49	//	46	546	855	307	1,162
Melun	1,021	//	428	//	1,449	284	35	27	//	32	378	1,071	//	1,071
Montpellier	//	405	//	141	546	123	2	1	//	11	137	//	409	409
Mont-Saint-Michel	501	//	233	//	734	136	30	14	1	21	202	532	//	532
Nîmes	1,226	//	487	//	1,713	352	//	87	//	107	546	1,167	//	1,167
Poissy	595	//	390	//	985	232	9	41	//	22	304	681	//	681
Rennes	280	246	133	129	788	154	13	28	//	26	221	280	287	567
Riom	507	//	316	//	823	181	17	4	//	39	241	582	//	582
Totaux	11,840	3,692	5,486	1,348	22,366	4,865	294	384	5	948	6,496	12,230	3,640	15,870

État numérique des Condamnés en état de récidive renfermés dans les maisons centrales, le 1er janvier 1836.

MAISONS.	RÉCIDIVES constatées par l'arrêt ou le jugement.		RÉCIDIVES reconnues dans la maison.		TOTAL.	POPULATION au 1er janvier 1836.		
	Hommes.	Femmes.	Hommes.	Femmes.		Hommes.	Femmes.	TOTAL.
Beaulieu	131	55	55	67	308	481	252	733
Cadillac	//	72	//	10	82	//	210	210
Clairvaux	518	129	27	5	679	1,416	376	1,792
Clermont	//	109	//	41	150	//	479	479
Embrun	294	//	29	//	323	751	//	751
Ensisheim	237	//	16	//	253	827	//	827
Eysses	448	//	23	//	471	1,111	//	1,111
Fontevrault	274	48	75	9	406	1,171	292	1,463
Gaillon	197	98	28	10	333	697	313	1,010
Haguenau	//	124	//	85	209	//	509	509
Limoges	81	32	79	22	214	608	206	814
Loos	367	144	57	32	600	855	307	1,162
Melun	265	//	359	//	624	1,071	//	1,071
Montpellier	//	64	//	2	66	//	409	409
Mont-Saint-Michel	186	//	18	//	204	532	//	532
Nîmes	272	//	76	//	348	1,167	//	1,167
Poissy	193	//	197	//	390	681	//	681
Rennes	79	116	23	29	247	280	287	567
Riom	162	//	46	//	208	582	//	582
Totaux	3,704	991	1,108	312	6,115	12,230	3,640	15,870

Tableau des Dépenses ordinaires des Maisons centrales pendant huit ans.

ANNÉES.	FRAIS d'administration et de garde.	DÉPENSES de l'entreprise.	ACHAT d'objets mobiliers.	ENTRETIEN des bâtiments.	DÉPENSES accidentelles et imprévues.	TOTAL des dépenses.	NOMBRE de journées de détention.	POPULATION moyenne.	PRIX moyen de la journée de détention.
	fr. c.	fr. c.	fr. c.	fr. c.	fr. c.	fr. c.			c. m.
1827..	471,493 51	2,724,423 67	//	111,347 93	20,081 00	3,327,346 11	6,288,559	17,226	52 91
1828..	490,885 63	2,762,088 34	//	92,278 90	20,884 53	3,366,137 40	6,429,901	17,616	52 35
1829..	498,563 48	2,756,924 96	7,183 43	89,910 92	26,764 04	3,379,346 83	6,376,393	17,428	53 00
1830..	502,375 44	2,707,288 78	4,278 57	89,582 77	16,434 96	3,319,960 52	6,354,549	17,409	52 24
1831..	496,272 34	2,821,518 60	2,432 62	79,541 66	17,211 69	3,416,976 91	5,935,170	16,260	57 60
1832..	498,559 82	2,828,370 59	1,159 70	73,994 32	66,728 12	3,468,812 55	5,942,408	16,267	58 35
1833..	504,457 72	2,651,570 94	14,686 71	89,908 91	34,510 91	3,295,135 19	5,808,880	15,916	56 72
1834..	527,198 02	2,571,377 87	8,805 45	103,776 90	52,561 74	3,263,719 98	5,766,922	15,797	56 69

État numérique de la population des Prisons départementales, au 1er janvier 1836.

(MAISONS D'ARRÊT, DE JUSTICE, DE CORRECTION ET DE DÉPÔT.)

		HOMMES.	FEMMES.
Par correction paternelle		24	20
Pour dettes	envers des particuliers	440	16
	envers l'État et pour sûreté d'amendes	785	150
Prévenus ou accusés		4,034	805
Correctionnels à un an et au-dessous		3,836	982
Forçats attendant leur transfèrement		323	"
En appel ou en pourvoi		285	76
Correctionnels à plus d'un an, autorisés à subir leur peine dans les prisons départementales		248	56
Condamnés attendant leur transfèrement dans les maisons centrales ou en route pour s'y rendre	Criminels	265	69
	Correctionnels	607	86
Condamnés au-dessous de 16 ans		525	110
TOTAUX		11,372	2,370

N. B. Les prisons départementales renfermaient, à la même date, environ 1,750 individus des deux sexes (830 hommes et 920 femmes) malades, infirmes, indigents étrangers, insensés, que l'administration avait été obligée de placer dans des quartiers particuliers des maisons d'arrêt, à défaut de dépôts de mendicité et d'établissements hospitaliers pouvant les recevoir.

LOIS ET ORDONNANCES.

ART. 21 *du Code pénal.*

Tout individu de l'un ou de l'autre sexe, condamné à la peine de la reclusion, sera renfermé dans une maison de force et employé à des travaux dont le produit pourra être en partie appliqué à son profit, ainsi qu'il sera réglé par le Gouvernement.

ART. 41 *du même Code.*

Les produits du travail de chaque détenu pour délit corectionnel seront appliqués, partie aux dépenses communes de la maison, partie à lui procurer quelques adoucissements, s'il les mérite, partie à former pour lui, au temps de sa sortie, un fonds de réserve; le tout ainsi qu'il sera ordonné par des règlements d'administration publique.

ART. 12 *de l'Ordonnance du 2 avril 1817.*

Le produit du travail sera divisé en trois parties. Un tiers appartiendra à la maison; un tiers sera remis au détenu; le dernier tiers lui appartiendra également, mais sera tenu en réserve pour lui être remis à sa sortie, à moins qu'il n'en soit disposé autrement à son profit avec l'autorisation de notre ministre secrétaire d'état de l'intérieur.

Ordonnance du 8 septembre 1819.

ART. 1er. Les sommes provenant des retenues faites sur le salaire des détenus travailleurs dans les maisons centrales de détention, et mises en réserve pour être délivrées à ces détenus à l'expiration de leur peine, seront employées en acquisition de rentes cinq pour cent consolidés.

ART. 2. Ces rentes seront inscrites au grand-livre de la dette publique, au nom de chacune des maisons centrales de détention.

Les arrérages seront payés dans les départements où sont situés ces établissements, sur la quittance du directeur, et, en son absence, sur celle de l'inspecteur de la maison, visée par le préfet.

ART. 3. Au fur et à mesure qu'il y aura dans la caisse d'une maison centrale de détention une somme disponible pour l'acquisition de 50 francs de rente, soit que cette somme appartienne aux détenus comme provenant de retenues exercées sur leur salaire, soit qu'elle appartienne à l'établissement par suite de décès ou d'évasion de détenus sur le salaire desquels elle avait été prélevée, elle sera employée en acquisition de rentes, conformément aux articles 1er et 2 ci-dessus.

Ordonnance du 6 juin 1820.

A l'avenir, les individus des deux sexes condamnés correctionnellement à plus d'un an de prison, seront seuls envoyés dans les maisons centrales de détention pour y subir la peine qui leur aura été infligée.

RAPPORTS AU ROI.

Extrait d'un Rapport fait au Roi le 25 novembre 1818. (M. Lainé, ministre.)

PRISONS.

L'état des prisons est, depuis bien longtemps, l'objet de l'attention du Gouvernement. Dès 1670, une ordonnance du Roi a prescrit de les disposer de manière à les rendre saines et sûres. La classification des prisons, le régime intérieur, les ateliers, la surveillance, ont été déterminés par un grand nombre de lois et règlements depuis 1790. Si les perfectionnements ont été lents et incomplets, il faut l'attribuer surtout à l'énormité de la dépense qu'ils exigeaient......

PRISONS DÉPARTEMENTALES.

Population.—Les prisons départementales comprennent les maisons d'arrêt, de justice et de correction. Ces dernières ne devraient contenir que les condamnés dont la peine expire avant un an; tous les autres condamnés seraient dirigés, soit sur les bagnes, soit sur les maisons centrales, à mesure que leurs jugements sont devenus définitifs par le rejet des pourvois : mais jusqu'à présent cet ordre n'a pu être observé, parce que les maisons centrales n'ont pas une capacité proportionnée au nombre des individus condamnés à la reclusion et à plus d'un an d'emprisonnement. Les prisons départementales contiennent actuellement neuf mille quatre cents condamnés de cette espèce; ce qui donne, pour chaque département, un nombre moyen de cent huit.

Le défaut d'air et d'espace, l'insalubrité, la difficulté d'établir des ateliers, la confusion des diverses classes de détenus, et tous les inconvénients que l'on aperçoit encore dans les prisons départementales, seraient bien moindres si l'on pouvait en extraire tous les individus qui, selon les règlements, devraient être renfermés ailleurs.

Sans doute il ne serait pas impossible d'améliorer les prisons des départements et de les étendre au point qu'elles fussent suffisantes pour leur population actuelle; mais, outre que ce parti serait infiniment plus coûteux et plus long que celui d'agrandir les maisons centrales et d'en augmenter le nombre, les dépenses énormes qu'il entraînerait n'auraient d'utilité que jusqu'à l'époque peu éloignée où les maisons centrales seraient achevées. Si, pour ne pas faire en même temps pour les unes et les autres des frais dont partie serait en pure perte, on suspendait les travaux des maisons centrales, on s'exposerait à laisser indéfiniment disséminés dans les prisons ordinaires une foule de condamnés qui seront bien mieux surveillés dans de grands établissements. C'est donc à augmenter la capacité et le nombre des maisons centrales qu'il faut principalement s'attacher. Dès qu'elles pourront contenir tous les condamnés, les prisons seront presque toutes suffisantes, et les améliorations qui resteront à faire n'excéderont pas les ressources des départements.

Au 1er juillet 1818, le prisons départementales contenaient :

Prévenus ou accusés	10,331.
Condamnés à moins d'un an	2,264.
Condamnés aux travaux forcés, attendant le transfèrement	1,386.
Condamnés en appel, ou en pourvoi	502.
Condamnés à plus d'un an qui ne peuvent être reçus dans les maisons centrales	9,378.
TOTAL	23,861.

On voit que la population des prisons serait diminuée de deux cinquièmes si les condamnés à un an et plus de détention en étaient retirés.

Régime.—Les fournitures en aliments à faire aux prisonniers ont été réglées par un arrêté du 23 nivôse an IX : elles se composent d'une ration de pain pesant vingt-quatre onces, et d'un litre de soupe aux légumes. Cette disposition avait pour objet d'accorder à tous les détenus la même nourriture, d'en déterminer la composition de manière qu'elle fût suffisante, et de retrancher tout ce qui augmentait sans nécessité les dépenses publiques.

Quoique cet arrêté soit fort ancien, l'uniformité qu'il avait prescrite ne s'est établie que difficilement. A mesure que les déviations de la règle sont connues du ministère, il donne les ordres pour la faire observer. . . .

Des instructions ministérielles ont défendu d'accorder aux gardiens des prisons l'entreprise des fournitures d'aliments (*19 frimaire an VI, 22 vendémiaire an VIII*).

On pourrait croire une pareille défense inutile, car l'inconvenance de la réunion des deux services en une même main est si manifeste, qu'elle ne devrait pas échapper aux autorités locales; les gardiens ont trop d'empire sur les détenus, pour que ceux-ci aient la faculté de se plaindre en cas de fraude sur la qualité ou la quantité des fournitures : cependant il est encore des prisons où les concierges préparent et livrent une partie des aliments. Mais dès que cette irrégularité est connue, le ministère s'empresse d'y porter remède.

Travaux.—Aussi longtemps que les prisons départementales seront encombrées par les condamnés, il ne sera guère possible d'y former des ateliers de travail, parce que la plupart n'offrent pas l'espace nécessaire. Lorsque les maisons centrales auront absorbé ces condamnés, l'organisation des travaux en grand rencontrera d'autres obstacles. Les prévenus et accusés, qu'on ne peut astreindre au travail, formeront les deux tiers de la population des prisons départementales. Les condamnés qui attendent leur transfèrement n'ont pas le temps de faire un apprentissage; il en est de même de ceux qui n'ont qu'une courte détention à subir. Tout ce qu'il sera possible de faire en faveur des prisonniers, sera de traiter pour l'introduction de travaux extrêmement faciles, et de laisser à ceux qui sauront un métier la faculté de l'exercer, pourvu qu'il n'en puisse résulter aucun danger pour l'ordre et la sûreté de la maison. . . . .

MAISONS CENTRALES.

Destination et Population.—Ces établissements sont destinés à renfermer les individus condamnés à la réclusion ou à plus d'une année d'emprisonnement.

Le nombre des condamnés était,

Au 1er septembre 1817, de. . . . . 19,970.
Au 1er janvier... 1818, de. . . . . 20,084.
Au 1er avril.... 1818, de. 19,823
Au 1er juillet... 1818, de. . . . . 20,078.

ce qui donne un terme moyen de *vingt mille* environ.

Les maisons, au nombre de quinze, qui reçoivent actuellement des détenus, peuvent en contenir. . 10,767.

Il en est dont les constructions ne sont pas encore terminées. Lorsqu'elles auront reçu l'accroissement dont elles sont susceptibles, leur population pourra être augmentée de. . . . . 4,523.

A reporter. . . . . 15,290.

Report............... 15,290.

Les maisons créées, mais non encore appropriées à leur destination et qui ne pourront être ouvertes qu'après l'exécution des travaux projetés, donneront un nombre de places que je porte à.......... 2,000.

TOTAL.................... 17,290.

Pour que le nombre de places fût égal à celui des condamnés, il en faudrait encore............ 2,710.

20,000.

Il est nécessaire de chercher dans les département de l'Est et du Sud trois bâtiments propres à être convertis en maisons centrales, pour 2,710 individus.

Si le nombre des détenus devait se maintenir constamment au terme moyen de 20,000, et si l'on voulait qu'ils fussent admis aussitôt que leurs jugements sont devenus définitifs, il serait indispensable de former des établissements qui offrissent au moins un *dixième* de places en sus de ce nombre; car la population totale des maisons centrales se compose d'éléments variables, et l'excédant qui se produit d'un côté n'est point compensé par la diminution qu'il y aurait de l'autre.

Je suppose que les maisons centrales soient préparées pour 20,000 individus, et que les condamnés de toute la France soient en nombre égal; il arrivera quelquefois que le nombre des prisonniers excédera la capacité des maisons dans le Midi, tandis que celles du Nord ne seraient pas entièrement occupées : le cas contraire peut se présenter après un court intervalle; et cependant on ne ferait pas refluer les condamnés d'une partie de la France sur l'autre, à cause de l'éloignement, des frais, et de l'encombrement qui pourrait avoir lieu bientôt après.

La population des prisons, divisée par sexes, ne se maintient pas dans une proportion constante. Les quartiers des hommes et des femmes étant disposés selon des évaluations approximatives, et séparés comme l'exige l'ordre dans les établissements, il y aura insuffisance de places, tantôt pour les hommes, tantôt pour les femmes.

Enfin il doit être établi une distinction entre les individus qui ont été condamnés pour crimes à la reclusion, peine infamante, et ceux qui n'ont encouru que des peines correctionnelles pour simples délits. La proportion entre les uns et les autres n'étant pas toujours égale, il s'ensuit que les quartiers qui leur sont respectivement affectés seront ou trop grands ou trop petits.

Cependant je propose de limiter à 20,000 le nombre des places dans les maisons centrales, parce qu'il n'est pas démontré que l'état actuel des choses doive être permanent, et que si, comme il est permis de l'espérer, le nombre des détenus descend par la suite à 18,000, les 2,000 places excédantes compenseront l'effet des variations inévitables dans la quantité de condamnés de chaque région, de chaque classe et de chaque sexe.

Il est vrai que, d'après les renseignements communiqués par le ministère de la justice, le nombre des crimes qui ont donné lieu à des poursuites, et les condamnations prononcées, ont suivi dans les dernières années une progression croissante. Leur nombre a été, en 1817, double de ce qu'il était en 1815; mais cette augmentation provient en partie de la misère où étaient plongées quelques provinces, des poursuites exercées pour délits politiques, et de la cherté des subsistances, qui a occasionné beaucoup de vols et d'attroupements. On est donc fondé à croire que des circonstances plus heureuses diminueront le nombre des coupables.

Quoi qu'il en soit, la position de la France n'a pas été, sous ce rapport, plus fâcheuse que celle de l'Angleterre. Les comptes rendus à la Chambre des Communes, dans la dernière session, montrent que les condamnations ont aussi augmenté tous les ans, et qu'elles ont à peu près doublé de 1815 à 1817.........

FORÇATS.

Depuis 1815, le nombre des forçats a augmenté dans les bagnes.

Il était,

Au 1er janvier 1815, de........ 8,881.
En 1816, terme moyen entre le 1er janvier et le 31 décembre, de........ 8,833.
En 1817, 1er juillet, de........ 9,345.
En 1818, 1er mars, de........ 9,923.

Cette augmentation s'explique par la progression croissante des condamnations. Si les charges qui pèsent sur d'autres pays pouvaient adoucir nos regrets, nous verrions que le gouvernement anglais se trouve dans une position semblable.

En considérant le nombre des condamnés et celui des individus conduits dans les ports depuis quelques années, on peut craindre que les établissements de la marine ne deviennent insuffisants. Voici le relevé approximatif qui a été fait :

Condamnations de 1814........ 1,210.
Transports de 1815........ 835.
Condamnations de 1815........ 1,500.
Transports de 1816........ 1,359.
Condamnations de 1816........ 2,100.
Transports de 1817........ 1,800.
Condamnations de 1817........ 3,280.
Transports de 1818, après le 1er mars........ 1,960.

D'après les détails qui précèdent, on reconnait que, si le nombre des condamnations ne diminue pas prochainement, les bagnes ne pourront bientôt plus recevoir tous les forçats. Comme il est impossible d'avoir aucune certitude à cet égard, ce serait peut-être le moment de préparer les moyens de suppléer au défaut de capacité des établissements qui existent.

Si les forçats restaient dans les prisons départementales, il y aurait encombrement toujours croissant, jusqu'à ce que les maladies contagieuses, qui frappent les prévenus comme les condamnés, et les gardiens comme les prisonniers, eussent détruit l'excédant de population : les évasions seraient plus faciles ; la garde et la surveillance des prisons exigeraient plus d'employés et une force armée plus considérable ; les dépenses à la charge des centimes additionnels seraient augmentées. Les inconvénients et les dangers de la détention des forçats dans les prisons ordinaires seraient tels, qu'on ne peut admettre cette supposition.

Les condamnés aux travaux forcés seront-ils envoyés dans les maisons centrales?

J'ai exposé plus haut que ces maisons sont encore bien loin de se trouver en rapport avec le nombre des individus que la loi désigne comme devant y subir leur peine. D'ailleurs la peine des travaux forcés se trouverait, par le fait, commuée en celle de la reclusion.

La marine augmentera-t-elle ses établissements?

Le nombre des forçats est calculé, dans chaque port, sur l'importance des travaux maritimes auxquels il est possible d'occuper leurs bras. Augmenter la population du bagne, ce serait rassembler des condamnés pour les laisser oisifs, ce qui serait opposé à la volonté de la loi et aux termes de la condamnation.

Fera-t-on des bagnes de terre pour les travaux des mines, des routes, des fortifications?

D'après les renseignements qui ont été recueillis, les difficultés et les frais immenses de l'exécution de pareils projets paraissent devoir en détourner. Des criminels aussi redoutables exigent une surveillance trop assidue et une garde trop nombreuse.

Les expériences faites en France sur les militaires condamnés au boulet, qui sont bien moins dangereux que les forçats, ne laissent guère d'espoir de succès. Les essais tentés dans les pays étrangers ont été rarement satisfaisants, et lors même que, dans quelques contrées, on aurait fait construire un ouvrage public par des forçats, il resterait à savoir si cet ouvrage n'eût pas été fait mieux, plus vite et à moins de frais, par des ouvriers libres.

Serait-il à propos d'appliquer les individus conduits aux bagnes à des travaux forcés dans des contrées lointaines?

En considérant l'effet que produisent les châtiments infligés aux criminels, on serait disposé à embrasser l'idée d'en purger définitivement le royaume; car entre les forçats libérés, il en est beaucoup qui reprennent leurs anciennes habitudes, et qui, par la fréquentation d'autres grands coupables, reviennent plus dangereux et plus corrompus qu'ils ne l'étaient avant leurs jugements.

Mais, indépendamment des questions qui seront à examiner lorsqu'il s'agira de déterminer ce qui a rapport à la peine en elle-même, il faudrait désigner un lieu de déportation, et calculer les frais de l'établissement et de son entretien, afin de juger si le changement projeté ne serait pas trop onéreux pour les finances.

Les colonies, qui promettent un commerce avantageux au royaume, ont besoin, pour se relever, que les hommes et les capitaux s'y portent. Ne serait-ce pas diminuer l'attrait qu'elles peuvent offrir aux spéculateurs et aux hommes industrieux, les flétrir en quelque sorte, que d'en faire le dépôt des criminels que la mère patrie rejetterait? Ne risquerait-on pas d'y compromettre la sûreté des personnes et des biens? Ne serait-ce pas alors mettre obstacle à leur prospérité?

Si les déportés étaient dirigés sur quelque possession dépourvue d'habitants, de culture et d'industrie, il faudrait fonder pour eux un établissement particulier dont les frais seraient grands et le succès incertain : peut-être la France serait-elle obligée de pourvoir pendant longtemps à leur subsistance. Mais à un si grand éloignement, mille chances peuvent empêcher ou retarder les transports.

Un lieu trop rapproché serait favorable aux tentatives d'évasion. S'il était trop éloigné, le transport deviendrait excessivement coûteux. L'établissement de Botany-Bay n'a pas répondu à l'attente de l'Angleterre; et plus d'une fois il a été question d'y renoncer à cause de la dépense énorme qu'occasionnent les déportés, et qui paraît s'élever à 2,400 francs par homme.

Extrait d'un Rapport fait au Roi le 21 décembre 1819. (M. le comte Decazes, ministre.)

PRISONS.

La législation a, de tout temps, prescrit des dispositions dictées par l'humanité et conformes à l'intérêt bien entendu de la société; mais, quoique renouvelées à plusieurs reprises, ces dispositions n'ont été que très-incomplétement exécutées dans une partie de la France; ailleurs elles n'ont pas eu d'effet.

Dès 1670, une ordonnance avait prescrit de disposer les prisons de manière qu'elles fussent à la fois saines et sûres. Mais alors tout était à créer dans cette partie : si les circonstances n'ont pas permis d'effectuer tout le bien qui était dans la pensée d'un grand roi, on ne peut s'empêcher de reconnaître que beaucoup d'améliorations ont été la suite de l'impulsion qu'il avait donnée.

Cependant, les établissements formés selon le système adopté dans le dix-septième siècle, et au commencement du dix-huitième, quoique bien différents de ce qu'ils étaient autrefois, étaient encore loin de répondre aux idées qu'on s'est formées depuis sur la destination des lieux de détention. On y renferme des hommes qui, pouvant être reconnus innocents, doivent être traités avec douceur. Les condamnés eux-mêmes sont en droit de prétendre que le châtiment prononcé par la loi, c'est-à-dire la privation de la liberté avec obligation de travailler, ne soit pas aggravé par le défaut de nourriture et de vêtements, ou par l'insalubrité du local.

Il n'est donc pas surprenant que l'Assemblée constituante, dirigée par des sentiments philantrhopiques, ait cru nécessaire de pourvoir à la restauration générale des prisons. Mais pour procéder avec méthode à une si vaste opération, il aurait fallu de grandes ressources, et surtout de la persévérance.

Les lois des 22 juillet et 6 octobre 1791, en déterminant la nature des peines correctionnelles et criminelles, ont indiqué les distinctions qui devaient être établies entre les détenus des diverses classes et les divisions à faire dans les bâtiments des prisons.

Ces dispositions ont été conservées dans la loi du 25 octobre 1795 (3 brumaire an IV), et dans les codes qui sont encore en vigueur aujourd'hui.

Après la publication du Code pénal (février 1810), le Gouvernement tenta de mettre les prisons en harmonie avec la législation criminelle. Il n'ignorait pas que les fonds affectés aux dépenses départementales étaient trop modiques pour offrir les moyens de restaurer les prisons et d'en établir de nouvelles partout où cela était nécessaire. En conséquence, il affecta, par acte du 22 septembre 1810, un fonds de 11,000,000 francs à la restauration générale des prisons, et il se réserva de l'accroître pendant les années suivantes.

Au mois d'octobre 1810, le ministre de l'intérieur fit connaître aux préfets que plusieurs maisons centrales de détention étaient formées, que d'autres le seraient incessamment; que ces établissements recevraient les individus condamnés à un emprisonnement de longue durée, et qu'il ne restait plus aux départements qu'à établir les maisons d'arrêt, de justice et de correction. Il leur demanda en même temps des renseignements sur la population et la capacité des prisons, et il les chargea de faire dresser les plans et devis des travaux à exécuter pour étendre, distribuer, réparer ou construire les bâtiments, en sorte qu'ils fussent conformes au vœu de la loi.

Il leur rappela que, selon les instructions données en forme de loi le 21 octobre 1791, « l'autorité publique « doit bien se garder de confondre les maisons d'arrêt et de justice avec les prisons établies pour lieu de peine; « que la reclusion dans les prisons est la peine même ou la correction infligée par la loi; que celui qui s'y trouve « détenu est un homme jugé, et qu'il y subit l'exécution de son jugement; mais que le prévenu ou l'accusé n'est « point encore jugé quand il est détenu dans les maisons d'arrêt ou de justice; qu'il n'y est détenu qu'en attendant « son jugement, parce que l'intérêt public a exigé qu'on s'assurât de sa personne; que sa détention n'est point une « peine, et que, de même qu'un homme condamné ne pourrait être mis dans une maison d'arrêt, de même il est « défendu de mettre dans les prisons (pour peine) un homme arrêté, fût-il même décrété. »

Cette instruction produisit quelques bons effets, en ce qu'elle rendit les administrateurs attentifs à l'état des prisons, et les excita à faire rédiger des projets de construction ou d'amélioration, dont quelques-uns furent exécutés, et dont le plus grand nombre n'eut point de suites, parce que la dépense à faire était trop considérable.

Le moyen d'obtenir partout des résultats satisfaisants et de suppléer à l'insuffisance des ressources locales eût été de distribuer le fonds de 11,000,000 francs. Mais la préparation et la discussion des projets entraînèrent des retards. Avant que la répartition des secours eût été faite, la France se trouva engagée dans cette guerre désastreuse qui, après avoir épuisé le trésor, conduisit le Gouvernement à s'emparer des fonds départementaux et communaux. Ainsi, une opération longtemps désirée, et qui s'était annoncée sous de favorables auspices, fut abandonnée, et ne laissa aux amis de l'humanité que le regret de voir leurs espérances déçues.

Quoique les circonstances aient été peu favorables pendant les dernières années, plusieurs départements ont fait, dans leurs prisons, des travaux utiles. Ces améliorations attestent le zèle des autorités qui les ont provoquées; mais elles ne sont que partielles. . . . .

MAISONS DE CORRECTION.

L'arrêté du ministre de l'intérieur du 20 octobre 1810 avait prescrit l'établissement d'une maison de correction par département, et cette disposition a été confirmée par un décret du 12 novembre 1811.

Mais, à cette époque, les maisons centrales de détention, créées par décrets spéciaux, n'étaient qu'au nombre de dix. La plupart d'entre elles ne pouvaient recevoir que peu de détenus, parce que les constructions qui devaient les rendre propres à leur destination n'étaient pas achevées. D'autres, comme celles de Clairvaux, Limoges, Gaillon et Melun, n'ont été ouvertes que longtemps après. Celle de Riom, dont la création remonte à 1808, ne sera habitée qu'en 1820. Ainsi, les moyens de détention manquaient presque partout. Le Gouvernement n'ayant pas, à beaucoup près, les bâtiments nécessaires pour la reclusion des criminels, laissa aux départements le soin de former des maisons pour l'emprisonnement ordonné par voie correctionnelle.

Il existe aujourd'hui dix-neuf maisons centrales, dont seize renferment des condamnés; une autre est sur le point d'en recevoir ; deux seulement ne sont pas encore appropriées. Les dix-sept maisons dont les constructions sont très-avancées pourront, en 1820, contenir une population de treize mille individus.

Ainsi, bientôt les maisons de correction auront bien peu d'utilité dans les départements dont la population n'est pas considérable, et qui ne renferment pas de grandes villes. Les individus qui ont moins d'une année d'emprisonnement à subir sont au nombre de deux mille quatre cents : c'est moins de trente par département. En examinant les états envoyés par les préfets, j'ai reconnu que, dans quarante-quatre départements, il y avait moins de vingt-cinq détenus de cette classe. Je pense que l'établissement d'une maison spéciale, pour un si petit nombre de prisonniers, serait une mesure préjudiciable aux intérêts de l'administration et à ceux des condamnés eux-mêmes.

L'administration aurait à faire de fortes dépenses, soit pour acquérir et approprier à l'usage de maison de correction un édifice pourvu de toutes les dépendances que cette destination suppose, soit pour l'entretenir et salarier les employés et les gardiens. Les prisonniers qui n'ont encouru qu'une peine légère, qui peut n'être que de six jours, seraient transférés loin de leurs familles; ils ne pourraient ni veiller à leurs affaires, ni recevoir les consolations et les secours de leurs parents. S'ils sont conduits de brigade en brigade par la gendarmerie, et s'ils sont obligés de séjourner, pendant le voyage, dans des maisons de dépôt ou dans les chambres de sûreté, où passent également les criminels, cette ignominie, jointe aux fatigues de la route, à la malpropreté ou à l'insalubrité des gîtes, sera pour eux une peine beaucoup plus grave que l'emprisonnement auquel ils auront été condamnés. Ces inconvénients sont plus sensibles encore lorsqu'il s'agit de transférer des femmes, qui restent pendant un temps plus ou moins long livrées à la force publique, loin de toute surveillance et de toute protection de l'autorité civile. On pourrait adoucir ce que le trajet a de pénible en faisant fournir des moyens de transport; mais ce serait une dépense de plus pour les départements.

Les lois veulent que les maisons de correction soient en même temps maisons de travail (loi du 22 juillet 1791, tit. II, art. 5; Code pénal, art. 40); mais, pour que l'administration soit en état de procurer constamment aux détenus un travail productif pour eux et pour la maison, il faut qu'ils soient nombreux et qu'ils restent dans l'établissement au delà du temps que demande un apprentissage. Ces conditions ne sauraient être remplies lorsque le nombre des prisonniers est faible et variable, qu'il se réduit quelquefois à un ou deux, et que la durée moyenne de la détention est de quelques mois. D'ailleurs, les condamnés qui ont un métier trouveront du travail bien plus aisément dans le lieu de leur domicile que dans une maison qui en est éloignée.

Il sera suffisant d'établir des maisons particulières pour la correction dans les départements où il y a d'ordinaire cinquante et plus d'individus condamnés à un mois au moins d'emprisonnement. Dans les autres, le vœu de la loi sera accompli pourvu qu'on ait soin de disposer, dans chaque maison d'arrêt, un quartier suffisant, bien distinct, et convenablement divisé, où seront détenus et occupés au travail, autant qu'il sera possible, les individus condamnés par voie correctionnelle.

Le ministre de l'intérieur, mieux informé, était revenu à cette opinion lorsque, par une circulaire du 5 novembre 1812, il invita les préfets à se faire rendre compte du nombre et de l'espèce des détenus disséminés dans les maisons d'arrêt, afin de juger si les condamnés à moins d'un an d'emprisonnement seraient assez nombreux pour qu'il y eût lieu de leur assigner un établissement particulier, ou *s'il suffirait de donner plus de développement à la maison d'arrêt et d'y construire un quartier séparé*. Dans une instruction du 20 octobre 1813, il dit expressément : « L'expérience a prouvé qu'il n'était pas nécessaire de construire dans chaque département une maison de correction. L'on ne doit s'occuper de prisons de cette nature que lorsque le besoin en « aura été constaté, et que les maisons d'arrêt et de justice auront été reconnues insuffisantes pour recevoir, dans « un quartier séparé, les condamnés à moins d'un an de détention. »

Plusieurs maisons de correction sont en activité. Il en est où le travail a été introduit avec succès.

Lorsqu'on en formera de nouvelles, ou qu'on préparera des quartiers de correction dans les maisons d'arrêt, on devra y faire six divisions, savoir : deux pour les hommes et les femmes; deux pour les enfants, et deux pour les mineurs renfermés à la demande des parents. . . . .

Après avoir rappelé les dispositions législatives qui fixent la destination de chacune des prisons, il ne sera pas sans intérêt de rechercher ce qui a été prescrit pour leur régime intérieur.

La loi du 29 septembre 1791 (titre XIII, art. 2) a prescrit aux autorités administratives de veiller à ce que les prisons fussent *non-seulement sûres, mais propres et saines, de manière que la santé des personnes détenues ne puisse être aucunement altérée*. La même disposition se retrouve dans la loi du 3 brumaire an IV (art. 571), et dans le Code d'instruction criminelle (art. 605), qui charge les préfets de cette surveillance. Le maire a la police des prisons (loi du 29 septembre 1791, titre XIII, art. 8; loi du 3 brumaire an IV, art. 577; Code d'instruction criminelle, art. 613); il doit pourvoir à ce que la nourriture des prisonniers soit suffisante et saine (loi du 29 septembre 1791, titre XIII, art. 9; loi du 3 brumaire an IV, art. 578; Code d'instruction criminelle, art. 613). Le préfet est tenu de visiter toutes les prisons et tous les prisonniers de son département, au moins une fois par an (Code d'instruction criminelle, art. 611); il nomme les gardiens (Code d'instruction criminelle, art. 606); il fait acquitter les dépenses (loi du 11 frimaire an VII, art. 13; loi du 25 mars 1817, art. 53), et, en ce qui concerne les prisons pour peines, il paraphe les registres des gardiens (Code d'instruction criminelle, art. 607). Sous le régime de la loi du 29 septembre 1791 (tit. XIII, art. 8), l'autorité municipale devait visiter les prisons deux fois par semaine; la loi du 3 brumaire an IV (art. 577), a prescrit deux visites tous les dix jours; enfin, le Code d'instruction criminelle (art. 612) a réduit à une par mois les visites auxquelles le maire est obligé. Ce magistrat étant chargé de la police, il s'assure si les gardiens remplissent fidèlement leurs fonctions, s'ils tiennent leurs registres avec soin (loi du 29 septembre 1791, tit. XIII, art. 4, 5, 7; loi du 3 brumaire an IV, art. 573, 574, 576; Code d'instruction criminelle, art. 607, 608, 610); si personne n'est arbitrairement détenu (loi du 29 septembre 1791, tit. XIII, art. 6, tit. XIV, art. 3, 6 et 7; loi du 3 brumaire an IV, art. 575 et 583; Code d'instruction criminelle, art. 609 et 616); si les prisonniers sont traités avec justice et humanité (loi du 29 septembre 1791, titre XIII, art. 9; loi du 3 brumaire an IV, art. 578); il se fait représenter les personnes légalement détenues, et même celles qui sont au secret (loi du 29 septembre 1791, tit. XIV, art. 6; loi du 3 brumaire an IV, art. 586; constitution du 22 frimaire an VIII, art. 79); il a le droit de faire resserrer plus étroitement les détenus qui useraient de menaces, injures ou violences, soit à l'égard du gardien ou de ses préposés, soit à l'égard des autres prisonniers, et même de les faire mettre aux fers en cas de fureur ou de violence grave (loi du 29 septembre 1791, tit. XIII, art. 10; loi du 3 brumaire an IV, art. 579; Code d'instruction criminelle, art. 614). Il délivre aux parents ou amis des détenus l'ordre en vertu duquel le gardien est obligé de représenter les personnes confiées à sa garde, à moins qu'il ne produise les ordonnances du juge qui les mettent au secret (loi du 29 septembre 1791, tit. XIV, art. 8 et 9; loi du 3 brumaire an IV, art. 588, 589; constitution du 22 frimaire an VIII, art. 80; Code d'instruction criminelle, art. 618). Enfin, il veille à ce que les geôliers ne fassent, pour leur compte, aucune fourniture, et qu'ils n'abusent pas de leur empire sur les détenus pour se procurer, à leur détriment, des profits illicites (circulaire du 22 vendémiaire an VIII).

En rendant justice aux intentions dans lesquelles on a prescrit de traiter, pour toutes les fournitures, avec des personnes étrangères à l'administration et à la surveillance des prisons, l'on ne peut se dissimuler que, à l'égard des prisons dont la population est faible et variable, l'observation rigoureuse de la règle n'est pas exempte de difficultés et d'inconvénients.

On trouve aisément des boulangers qui entreprennent la fabrication du pain des détenus; mais, dans plusieurs villes, personne ne veut se charger de fournir la soupe, ou bien les prix demandés sont exorbitants. Un particulier, qui se rend adjudicataire pour une, deux ou trois années, est assujetti à des frais, à des formalités, à des démarches qui lui prennent du temps et qui exigent quelquefois des déplacements; il est obligé de se pourvoir de divers objets mobiliers qui seront sans valeur après l'expiration de son marché; il fait des avances dont il craint de n'être pas toujours exactement remboursé; il tient des écritures et il paye des salaires pour la confection, le transport et la distribution de la soupe. Un concierge, qui est logé et salarié par l'administration, qui a toujours des comptes à lui rendre et des payements à en recevoir, qui peut se faire aider par ses guichetiers ou par des détenus, moyennant une modique rétribution, qui n'est pas distrait de ses occupations habituelles, aura moins de frais à faire et se contentera d'un moindre bénéfice. Aussi les renseignements que j'ai recueillis m'ont démontré que, dans certains arrondissements, la dépense serait doublée si l'administration persistait à exclure les concierges.

Il y a un autre avantage à faire faire la soupe dans la prison même, c'est que les détenus la reçoivent chaude, tandis que, préparée dans un local un peu éloigné, elle se refroidit avant que la distribution soit achevée.

La présomption d'infidélité n'existe pas plus contre les concierges que contre d'autres entrepreneurs. Si la surveillance des commissions suffit pour empêcher ceux-ci de manquer à leurs engagements, elle ne sera pas moins efficace envers les autres. Je crois donc que des exceptions pourront être tolérées pour les prisons peu considérables, lorsqu'elles seront provoquées par les autorités locales, d'après les avis motivés des commissions.

Les lois avaient dès longtemps ordonné, d'une manière générale, que les prisonniers reçussent les objets de première nécessité; mais l'espèce et la quantité des fournitures n'étaient pas déterminées.

La loi du 22 juillet 1791, tit. II, art. 6, porte que *la maison fournira le pain, l'eau et le coucher* aux individus condamnés correctionnellement. La loi du 6 octobre de la même année (art. 15 et 21) n'accorde aux criminels que *du pain et de l'eau.* Le surplus des aliments devait être pris sur les deux tiers du produit du travail (art. 17). L'administration locale passait des marchés et faisait fournir ce qui lui paraissait nécessaire. Rien n'était réglé d'une manière uniforme à l'égard des prévenus et des accusés. On trouve dans une circulaire du ministre de l'intérieur (vendémiaire an IX) que l'intention du Gouvernement n'était alors de procurer le pain et la soupe, aux dépens des caisses publiques, qu'à ceux qui étaient dans *une indigence absolue.* Un arrêté du 23 nivôse an IX a mis fin aux incertitudes, en accordant indistinctement à tous les détenus, *une ration de pain et la soupe.* Par l'article 2 du même acte, il fut enjoint aux administrations locales de leur procurer du travail. Le ministre de l'intérieur informa les préfets (28 ventôse an IX) que la ration de pain devait être de 24 onces (75 décagrammes), et que la soupe serait faite avec des légumes. La ration de soupe est d'un litre (circulaire du 19 mai 1818). Le coucher consistait en une botte de paille renouvelée trois ou quatre fois par mois (circulaire du 19 mai 1818), ou en une paillasse garnie tous les quatre mois (circulaire du 5 fructidor an VI). Quant aux vêtements et aux couvertures, ces objets ont été abandonnés à la sollicitude des autorités locales, et il y a été pourvu plus ou moins, soit sur les fonds départementaux, soit au moyen de dons faits par des personnes ou des associations charitables.

Les détenus qui n'ont pas droit à la distribution des vivres et des vêtements sont : 1° les mineurs renfermés à la demande leurs parents, et dont ceux-ci payent l'entretien, comme le prescrit l'article 378 du Code civil ; 2° les débiteurs dont les aliments doivent être consignés par les créanciers ; 3° les personnes condamnées par voie de police correctionnelle à plus d'une année d'emprisonnement, et qui ont obtenu la faculté de subir leur peine dans les prisons départementales. Cette faveur n'est accordée que sur les témoignages favorables rendus par les autorités locales, et en raison de ce que les maisons centrales de détention ne pouvant encore recevoir toute la population qui leur est destinée, il vaut mieux excepter du transfèrement et laisser oisifs dans les prisons ordinaires les condamnés qui ont les moyens de pourvoir à leur subsistance, que les indigents.

Pour assurer l'exécution des lois que j'ai citées, le ministre de l'intérieur prit deux arrêtés. Le premier, du 8 pluviôse an IX, chargeait les préfets d'établir des ateliers de travail dans les prisons qui en seraient susceptibles, et indiquait les conditions principales des marchés à contracter pour cet effet avec des fabricants. Le deuxième, du 20 octobre 1810, a classé les prisons et les détenus; il a insisté sur l'obligation d'introduire le travail, et, pour aider les autorités administratives dans la surveillance des prisons, il a institué, près de chacune, un conseil gratuit et charitable, présidé par le maire et composé de cinq membres, non compris le procureur près le tribunal de première instance.

Une instruction du 22 mars 1816, en rappelant aux préfets tout ce qui avait été précédemment ordonné pour la bonne administration des prisons, leur a spécialement recommandé de faire donner aux prisonniers les consolations de la religion, et de prendre des mesures pour que le service divin fût célébré dans les prisons les dimanches et fêtes.

Telles étaient, à l'époque du 9 avril dernier, les dispositions des actes législatifs et administratifs concernant la classification, la division, la surveillance et le régime des prisons............

Il est malheureusement constaté que, dans la plupart des prisons départementales, les privations imposées aux détenus par leur position sont encore aggravées, et qu'il reste beaucoup à faire pour la salubrité, l'ordre, les mœurs, et pour la réforme morale des condamnés. Les lois que j'ai citées veulent que les prisons soient sûres et saines; que les prisonniers soient séparés par classes, par sexes et par âges; que la nourriture soit suffisante et que les condamnés soient occupés au travail. Il est très-peu de maisons d'arrêt et de justice où ces règles soient toutes suivies.

Salubrité. Le défaut d'espace a obligé souvent de réunir dans les dortoirs un trop grand nombre de détenus. On a négligé dans la construction de quelques prisons d'établir des courants d'air; ailleurs les préaux sont insuffisants ou manquent tout à fait; plusieurs parties de bâtiments sont humides et privées d'air ou de lumière; on se sert quelquefois, à défaut d'autres emplacements, de cachots souterrains sans communication directe avec l'air extérieur; enfin, il est des prisons où les latrines trop rapprochées, ou même placées dans l'intérieur des dortoirs, entretiennent continuellement des exhalaisons nuisibles. A ces causes de maladie, on peut encore ajouter le manque de vêtements et de couvertures.

Séparations. Dans quelques prisons, les sexes ne sont séparés que pendant la nuit; dans beaucoup d'autres, les diverses classes de détenus d'un même sexe sont confondues; nulle part les divisions par nature de prévention ou de condamnation et les sous-divisions par âge ne sont complètes.

Nourriture. Quoique le décret du 23 nivôse an IX ait accordé la soupe à tous les prisonniers, et que le ministre de l'intérieur ait compris cet aliment au nombre des fournitures qui leur sont dues par l'administration (circulaire du 19 mai 1818, et rapport du 25 novembre 1818, distribués aux préfets), les réponses faites à la circulaire du 4 mai dernier m'ont appris que, dans plusieurs prisons, on continuait encore à ne distribuer que la ration de pain. Il est vrai que des personnes bienfaisantes ou des associations charitables suppléent quelquefois au manque de nourriture et de vêtements, en donnant quelques effets aux prisonniers les plus pauvres, et en leur faisant apporter, soit périodiquement, soit à des époques indéterminées et plus ou moins rapprochées, des aliments préparés par leurs soins. Mais il n'est pas convenable que la subsistance des détenus dépende de distributions facultatives et éventuelles.

Travail. A peu d'exceptions près, les maisons de justice et d'arrêt n'ont pas d'atelier de travail; il sera bien difficile d'y en établir. L'insuffisance des locaux est un obstacle en ce moment; mais lors même que l'on augmenterait les bâtiments, il serait encore douteux que l'on trouvât partout les moyens d'introduire dans les prisons des travaux permanents et susceptibles de produire des bénéfices, soit pour les détenus, soit pour l'administration........

Dès que les condamnés dont je viens de parler auront été extraits des prisons départementales, la population de ces prisons se composera,

1° De prévenus, d'accusés, de débiteurs contraints par corps, qui ne sont pas tenus de travailler;

2° D'enfants en correction, qui sont en très-petit nombre dans les grandes villes, Paris excepté, et dont on ne trouve pas un seul exemple dans la plupart des départements;

3° De condamnés à un emprisonnement de six jours à un an, dont le nombre est communément de un à vingt ou trente, ce qui donne de un à six individus par arrondissement. Ces détenus si peu nombreux, dont l'emprisonnement aura une durée moyenne au-dessous de six mois, qui doivent encore être séparés suivant les sexes et les âges, qui, presque tous, seront étrangers au genre de travail adopté dans la prison, et qui n'auront point d'intérêt à s'y rendre habiles, parce qu'ils exercent habituellement une autre profession, ne formeront jamais un atelier dont l'exploitation puisse être productive.

Cette difficulté, que l'administration a rencontrée de tout temps, a paru jusqu'à présent presque insurmontable. Dans une instruction du 5 fructidor an VI, le ministre de l'intérieur, en parlant du travail à introduire dans les maisons de reclusion, où se trouvaient réunis des mendiants, des vagabonds et des condamnés, s'est exprimé en ces termes : « Presque tous les métiers exigent un long apprentissage, l'emploi de plusieurs outils, et « sont tellement diversifiés, qu'il pourrait se faire que, parmi cent hommes indistinctement choisis, il y eût « cinquante métiers différents, ce qui multiplierait les ateliers dans une proportion impossible à soutenir. A cette « difficulté s'en joignent plusieurs autres ..... Tous les artisans de luxe, tous ceux qui ne font usage que de « matières chères ou précieuses, ne peuvent être utilement employés; ils seront donc obligés de renoncer à leur « métier et d'en apprendre un pour lequel ils n'auront ni goût ni talents. L'homme vigoureux et robuste, si on « l'applique à quelque genre de filature ou à d'autres métiers sédentaires, s'énervera au bout d'un an, et peut-« être le rendra-t-on pour toujours inhabile à reprendre le métier de force pour lequel il était destiné. »

Il s'agissait pourtant d'établissements dont la population était plus considérable et ne se renouvelait pas aussi fréquemment que celle des prisons ordinaires.

Vingt ans plus tard, mon prédécesseur (rapport du 25 novembre 1818), en rendant compte à Votre Majesté de la situation des prisons et des instituts de bienfaisance, a témoigné que la création d'ateliers réguliers rencontrerait des obstacles qu'il ne se flattait pas de surmonter. . . . .

Infirmeries. Si une population toujours faible et variable empêche, dans beaucoup de prisons, l'organisation d'ateliers permanents, elle est aussi un obstacle à l'établissement d'infirmeries bien distinctes de la prison et pourvues de tout ce qui est nécessaire pour le traitement des malades; car la dépense à faire, tant pour les bâtiments que pour l'organisation du service de santé, serait hors de proportion avec les résultats qu'on obtiendrait. . . .

La législation relative à l'administration et au régime des prisons n'exige pas que les détenus malades soient traités dans l'intérieur des établissements. La loi du 4 vendémiaire an VI (art. 15) prévoit que, en cas de maladie, les individus enfermés dans les maisons d'arrêt et de justice, et même dans les prisons pour peines, pourront être transportés dans les hospices, d'après l'ordre du magistrat civil, et avec le consentement de l'autorité judiciaire. La même loi prescrit (art. 16) les précautions à prendre pour empêcher l'évasion des détenus traités dans les hôpitaux. Ce mode paraît devoir être suivi dans les villes où la population moyenne de la prison n'excédera pas trente individus, et où les détenus peuvent être soignés et gardés dans un hospice, ainsi que la loi le veut. . . . .

Maisons de dépôt. Quant aux maisons de dépôt, on se plaint en général de ce qu'elles sont petites, insalubres et trop peu sûres. Les prisonniers n'y séjournent, à la vérité, que très-peu de temps; mais encore faut-il que, pendant ce temps, ils ne soient pas exposés à contracter des maladies ou à être tourmentés par des moyens de précaution qui ne seraient pas nécessaires si la prison était mieux disposée. . . .

Ce que je viens d'exposer à Votre Majesté s'applique aux prisons départementales et municipales : il me reste à l'entretenir des maisons centrales de détention, qui, à raison de leur importance et des bons effets que produira leur achèvement, méritent une attention particulière. . . .

Coucher. Les détenus couchent deux à deux, dans des lits garnis d'une paillasse et de couvertures. On a reconnu que la paille, après avoir servi quelques temps, répandait une mauvaise odeur, et se remplissait de vermine. Il était d'ailleurs désirable, pour la santé comme pour les mœurs des détenus, qu'ils fussent couchés seuls. En conséquence, on a commencé à établir, dans plusieurs maisons (Melun, Clairvaux, Fontevrault, Gaillon) des lits à une place, avec fond sanglé et un matelas de quatre kilogrammes. Ce coucher sera successivement adopté dans les autres maisons, à mesure qu'il y aura lieu d'établir du mobilier ou de renouveler l'ancien.

Vêtements. Depuis longtemps et dans toutes les maisons centrales, il est accordé des habits de laine en hiver et de toile en été, tant aux hommes qu'aux femmes. . . .

Travail. Toutes les maisons centrales sont pourvues d'ateliers qui s'augmenteront encore lorsque les bâtiments seront achevés. Un entrepreneur se charge de fournir les métiers et de salarier les contre-maîtres; il paye aux détenus le prix de journée qui est réglé entre l'administration et lui.

Le travail est un moyen d'économie et d'ordre dans les établissements; il fait contracter aux détenus l'habitude de l'application; il est, pour la plupart d'entre eux, une consolation, en ce qu'il les distrait des sombres idées que le séjour d'une prison inspire. Le salaire payé comptant à l'ouvrier l'encourage à bien faire, et la portion mise en réserve, pour l'époque de sa sortie, lui assure des ressources qui le dispenseront d'employer pour subsister des moyens condamnables.

Cependant, l'organisation d'ateliers dans les maisons centrales a excité des plaintes de la part des fabricants et des ouvriers des environs. Entre les considérations qu'ils ont fait valoir, la plus plausible est que le nombre des ouvriers étant accru sans que la demande du travail ou la consommation des objets fabriqués soit augmentée, le travail exécuté par les détenus est pris sur celui des ouvriers libres, et qu'une partie de ceux-ci resteront oisifs, ou qu'ils auront à se partager une moindre quantité d'ouvrage; ce qui aura pour résultat de faire baisser les prix de journée ou de façon, de sorte qu'ils seront moins occupés et moins payés.

Pour ne pas attribuer à de pareilles réclamations autant d'importance qu'au premier coup d'œil elles paraissent en avoir, il suffit de considérer que le travail est ordonné par les lois et pour l'intérêt, non-seulement des prisonniers, mais de toute la société. D'ailleurs, les genres de fabrication adoptés dans les maisons centrales produisent des articles communs, d'une valeur modique, dont la consommation est immense, et qui occupent, dans toutes les parties du royaume, une multitude d'ouvriers. Indépendamment des objets qui sont destinés à l'usage des prisonniers eux mêmes, et qui n'entrent pas dans le commerce, on fabrique des toiles et des étoffes. Les maisons centrales, si l'on retranche de leur population les individus employés au service intérieur et à la confection des vêtements, les malades et les infirmes, n'auront jamais plus de huit ou dix mille ouvriers, de tout âge et de tout sexe, occupés à différentes fabrications. Ce nombre, comparé à celui des personnes qui travaillent dans toute la France à la confection d'objets semblables, est si faible, qu'il ne pourra jamais avoir une grande influence sur les prix de main d'œuvre....

Les personnes qui craignent que l'activité des travaux dans les maisons centrales ne porte ombrage ou préjudice aux ateliers libres, ont proposé deux expédients : le premier serait de supprimer, dans chaque maison, le genre de fabrication qui est propre à la contrée, sauf à le porter dans un établissement éloigné; le second serait de faire fabriquer dans les prisons des objets que nous tirons de l'étranger, et sur lesquels l'industrie française ne s'exerce pas encore.

Le Conseil des prisons, que j'ai consulté sur cette question, a pensé que les moyens proposés ne pouvaient être adoptés comme règle absolue, et qu'ils n'auraient pas l'effet que l'on semblait en attendre. Voici les considérations qui ont motivé son avis :

En interdisant dans chaque maison centrale le genre de travail analogue à celui que font les manufactures du département ou des départements voisins, et en le transportant dans des établissements situés à de grandes distances, on éloignerait des regards des ouvriers libres la fabrication dont ils redoutent la concurrence; mais ce serait pour eux un avantage imaginaire ou momentané, tandis que, pour l'administration et pour les détenus, le détriment serait considérable et certain.

Dans l'état actuel des choses, les entrepreneurs des maisons centrales, qui sont en même temps chargés d'employer les bras des prisonniers, et de faire, à un prix convenu, toutes les fournitures d'aliments, de mobilier et de vestiaire, montent leurs ateliers principaux comme le feraient d'autres négociants; c'est-à-dire qu'ils préfèrent la fabrication pour laquelle ils comptent trouver le plus aisément les matières premières, des ouvriers exercés et de faciles débouchés. Un entrepreneur a préféré le tissage de la toile, parce que le pays produit du chanvre; parce qu'il doit probablement se trouver des tisserands au nombre des condamnés de la circonscription; parce que les acheteurs se portent vers le lieu de la production, et que la vente des toiles s'effectue plus aisément dans le voisinage des fabriques. Il est de même des autres travaux.

Si l'on transporte une industrie dans un lieu où elle ne trouve aucune de ces facilités, l'entrepreneur auquel on fera une obligation de l'exercer, calculera les frais de commission pour achat de la matière première, le transport jusqu'à la fabrique, le dommage que lui causera la nécessité de former tous ses ouvriers, les frais de voiture de la fabrique au marché, et la commission de l'intermédiaire chargé de la vente. Il établira les prix que doit lui payer le Gouvernement de manière à être couvert de toutes ses dépenses et à pouvoir mettre sa marchandise en concurrence avec celles des autres manufactures; car il ne s'exposera pas à fabriquer à perte. Dès lors ses produits n'arriveront pas moins sur le marché, et ils s'y présenteront avec les mêmes avantages que s'ils avaient été confectionnés dans un lieu voisin : seulement le trésor aura payé, très-cher sans doute, les fausses manœuvres auxquelles l'entrepreneur aura été astreint.

A l'égard des détenus, l'opération ne serait pas mieux entendue : aucun de ceux qui entreraient dans la maison centrale n'aurait l'habitude du travail qui y serait pratiqué; ils seraient tous obligés de faire un apprentissage, et, quand leur temps serait expiré, l'habileté qu'ils auraient acquise serait stérile pour eux, puisqu'ils ne trouveraient dans les départements de la circonscription aucune fabrique, aucun atelier où ils pussent être employés.

Le second expédient, qui consiste à ne faire fabriquer dans les prisons que des objets que l'industrie libre n'a pas encore essayé de produire, présente les mêmes inconvénients. Les condamnés n'auraient aucune aptitude au travail qui leur serait destiné, et, à l'époque de leur libération, il ne pourraient tirer parti, pour leur subsistance, d'une industrie qui ne serait en usage que dans la prison.

Est-il d'ailleurs si facile d'introduire des procédés que nos mécaniciens et nos manufacturiers n'ont pu s'approprier? Où prendrait-on des maîtres capables de former les apprentis? Ce que l'industrie libre a tenté vainement, ou ce qu'elle n'a pas osé entreprendre, ne réussirait assurément pas dans une prison, où beaucoup de procédés sont impraticables et dangereux, où l'on n'a pas la faculté de choisir les ouvriers, et où l'inhabileté et le découragement sont le partage du plus grand nombre des individus que l'on emploie. Quel est l'entrepreneur qui consentirait à monter en grand une fabrication inconnue en France, et contre le succès de laquelle s'élèvent tant de probabilités? Il faudrait que le Gouvernement prît à sa charge les dépenses des essais, qu'il en courût tous les risques, et alors il serait à peu près certain de n'en recueillir aucun fruit.

On a considéré comme un travail convenable pour les détenus le tressage de la paille et la couture des chapeaux.

Les expériences qui ont été faites permettent d'espérer que la confection des chapeaux de paille pourra occuper un certain nombre de prisonniers; mais elles ont prouvé aussi que ce genre de travail est peu lucratif. Chaque entrepreneur fera, de son propre mouvement, travailler la paille par les femmes, les enfants et les infirmes, qui sont incapables de mieux faire. Si l'administration obligeait la presque totalité des condamnés à se livrer à ce travail, elle agirait contre leurs intérêts et contre les siens mêmes.

Une portion des salaires des ouvriers étant destinée à diminuer d'autant les frais qui sont à la charge de l'État, la somme à payer pour l'entretien de chaque établissement croîtrait à proportion que le travail produirait moins; et comme le tressage de la paille se paye très-peu, il y aurait augmentation de dépenses partout où l'on substituerait la fabrication des chapeaux à une autre. Les deux autres parties du salaire appartiennent au détenu : c'est à son préjudice qu'elles seraient diminuées par l'adoption forcée d'un travail faiblement rétribué.

Enfin, en établissant des ateliers dans les prisons, le Gouvernement a eu l'intention, non-seulement d'empêcher que les détenus ne restassent oisifs, et de leur procurer les moyens d'adoucir leur sort, mais encore de leur faire apprendre des métiers, au moyen desquels ils fussent en état de subsister après l'expiration de leurs peines. Ce but serait manqué si des hommes robustes étaient employés à tresser de la paille : après quelques années de détention, ils seraient incapables de reprendre un métier qui exige de la force, et celui qu'ils auraient appris ne les mettrait pas à l'abri du besoin . . . . . .

Les produits du travail, qui étaient, il y a peu d'années, presque nuls dans la plupart des établissements, augmentent à mesure que les bâtiments s'étendent, que la population s'accroît et que les ouvriers se forment.

Le tiers des salaires mis en réserve pour être restitué aux détenus au moment de leur libération s'élevait, au mois de septembre dernier, à environ 120,000 francs. Votre Majesté a voulu que ce fonds, qui est susceptible de s'accroître considérablement par la suite, fût employé de manière à produire des intérêts. Il s'agissait de savoir si le placement se ferait au profit des condamnés, ou si le revenu serait laissé aux maisons centrales. Un sentiment d'humanité, très-louable sans doute, avait suggéré à plusieurs personnes l'idée de joindre les intérêts aux masses de réserve pour les augmenter et pour procurer aux condamnés libérés de plus abondantes ressources. Mais si l'on considère, d'une part, que l'intérêt aurait produit pour chaque travailleur un bénéfice très-modique, tandis que l'administration aurait été chargée d'une comptabilité minutieuse et compliquée, et, de l'autre part, que la loi n'accorde au condamné que le tiers de son salaire, sans aucun accroissement, on reconnaît que les obligations de l'autorité sont remplies dès qu'elle fait régulièrement acquitter la somme retenue, et que les droits du condamné ne vont pas au delà.

J'ai pensé qu'il serait d'une bonne administration de chercher à former, pour les maisons centrales, une dotation qui, en s'augmentant successivement par la cumulation des intérêts et par de nouveaux placements, pourrait servir un jour à payer une grande partie de leurs dépenses.

Votre Majesté a accueilli favorablement ces idées; et, afin de faire concourir les fonds des maisons centrales à l'amélioration du crédit public, elle a décidé, par son ordonnance du 8 septembre dernier, que *les sommes provenant des retenues faites sur le salaire des détenus seront employées en acquisition de rentes cinq pour cent consolidés, et que ces rentes seront inscrites au grand-livre de la dette publique, au nom de chacune des maisons centrales de détention* (art. 1 et 2).

Je suis informé que cette disposition a déjà été exécutée.

Tel est l'état présent des prisons du royaume.....

Autrefois, les prisons qui n'étaient pas auprès des cours supérieures offraient le spectacle le plus affreux. Le défaut d'espace, l'insalubrité, les exactions que commettaient les gardiens, et les prix énormes qu'ils étaient autorisés à exiger, dans certains lieux, pour location de lits et autres fournitures, rendaient la condition des détenus extrêmement pénible.

Depuis 1790, la suppression des ordres religieux a permis à l'administration de disposer de vastes bâtiments, dont un grand nombre ont été convertis en lieux de détention. Partout où cette mesure fut adoptée, les prisonniers eurent au moins des locaux suffisants et salubres. Mais les divisions légales n'étaient pas faites; il eût fallu dépenser des sommes considérables pour bien distribuer les emplacements, et l'on manquait de ressources. A l'égard de la nourriture, il n'y était pas pourvu d'une manière uniforme; mais il paraît que si, dans certaines prisons, les détenus étaient réduits à la seule ration de pain, ils recevaient, dans beaucoup d'autres, des distributions plus abondantes. En effet, l'arrêté du 23 nivôse an IX porte (art. 1er) qu'il ne sera plus accordé à l'avenir *que le pain et la soupe;* ce qui prouve que l'intention du Gouvernement était alors de diminuer et non d'augmenter les dépenses de nourriture. Si, dans quelques départements, on s'est contenté jusqu'ici de délivrer la ration de pain sans aucun supplément, c'est que les autorités locales ont négligé de prendre connaissance de l'état des choses et de faire exécuter le règlement, ou qu'elles se sont reposées sur la charité des particuliers ou des associations de bienfaisance.......

Les maisons centrales de détention, qui, en 1808, n'étaient encore que projetées, ont été presque toutes mises en état de recevoir des condamnés; leur régime a été amélioré successivement et les ateliers de travail y ont été organisés.

Les renseignements que j'ai recueillis ayant mis au jour des abus ou des irrégularités qu'il était possible de faire disparaître immédiatement, je me suis hâté de donner des ordres à cet effet. Par une circulaire du 3 septembre, j'ai ordonné aux préfets de faire supprimer les cachots et les cabanons placés au-dessous du sol ou même au rez-de-chaussée, lorsqu'ils sont insalubres; à défendre aux geôliers de mettre les détenus aux fers, à moins que le maire n'ait autorisé ce moyen de répression, conformément à l'article 614 du Code d'instruction criminelle; à interdire l'usage de l'eau-de vie, et à fixer à un demi-litre la quantité de vin qui pourra être consommée chaque jour par un détenu. Je leur ai recommandé de prendre des mesures pour que les aliments et les boissons ne fussent pas fournis par les geôliers. Cette règle sera suivie sans difficulté dans les établissements qui renferment une population considérable, parce qu'on trouvera des entrepreneurs à des prix modérés. Ailleurs, on pourra traiter au moins pour la fourniture de la soupe avec les administrations charitables du lieu, ou enfin avec les concierges, si tout autre mode est reconnu impraticable ou trop onéreux. J'ai écrit aux trente-deux préfets des départements où la soupe n'était pas fournie chaque jour à tous les prisonniers, pour leur rappeler l'arrêté du 23 nivôse an IX, et je leur ai indiqué les mesures à prendre pour assurer la régularité de cette distribution. Plusieurs d'entre eux ont déjà répondu que cette disposition allait être exécutée : les autres s'empresseront également de s'y conformer.

Ce qui a été fait jusqu'ici avec des ressources très-modiques, et dans des circonstances peu favorables, doit encourager à poursuivre le système d'amélioration générale, et permet d'espérer que, dans peu d'années, la situation des prisons sera satisfaisante, si les autorités locales sont aidées de quelques fonds.

Ce qui reste à faire maintenant consiste, 1° à terminer les bâtiments des maisons centrales de détention; 2° à reconstruire, étendre ou réparer un grand nombre de maisons d'arrêt et de justice; à établir des quartiers particuliers pour la correction; à bien séparer les détenus par classes, par sexes et par âges, et à disposer des emplacements pour les infirmeries, les ateliers, les réfectoires et les préaux; 3° à construire, étendre et fortifier les maisons de dépôt, et surtout celles qui servent de gîte aux prisonniers transférés; 4° à améliorer le régime intérieur des prisons sous le rapport du coucher, de l'habillement et de la nourriture..........

D'après les renseignements que les préfets m'ont envoyés, et les rapports qui ont été faits au conseil général par plusieurs de ses membres qui ont inspecté les prisons de leur division, j'estime que la restauration des prisons départementales coûtera environ 15,000,000. Je comprends dans cette dépense ce qui est nécessaire pour améliorer les maisons de dépôt qui servent habituellement de gîte aux détenus transférés d'une prison à l'autre......

On remarque avec raison que, depuis l'établissement des maisons centrales, le sort des condamnés qu'on y transporte est meilleur, sous le rapport du régime, que celui des prévenus et des accusés détenus dans les prisons départementales. S'il devait y avoir une différence, il serait juste qu'elle fût en faveur de ces derniers. En conséquence, on ne saurait trop se hâter de faire adopter, dans les maisons d'arrêt et de justice, les dispositions suivies dans les maisons centrales, relatives au coucher, aux vêtements et à la nourriture.......

RAPPORTS A LA SOCIÉTÉ ROYALE DES PRISONS.

Extrait d'un Rapport fait à la société royale des Prisons, le 16 Janvier 1829.
(M. de Martignac, ministre.)

Depuis 1815 jusqu'au 1er janvier 1828, les prisons de soixante-huit chefs-lieux de département ont été restaurées, agrandies et reconstruites. Elles sont, en général, bien appropriées à leur destination : quelques-unes réclament encore des améliorations de détail qui s'obtiendront à peu de frais, et dont l'exécution ne sera pas différée au delà de l'année 1830.

Des maisons d'arrêt, de justice ou de correction sont en construction dans neuf chef-lieux de départements......

Cent quatre-vingt-dix-huit prisons d'arrondissement ont été réparées ou reconstruites. Leur situation, sauf quelques améliorations qu'on obtiendra en 1829 ou 1830, est généralement satisfaisante; dix-sept sont en construction........

Tous ces travaux, indépendants des réparations ordinaires, ont coûté 17,193,244 francs 66 centimes.

Une somme de 10,487,479 fr. 09 cent. a été employée, depuis 1815 jusqu'au 1er janvier 1828, aux travaux de construction et frais de premier établissement des maisons centrales du royaume, et ce sont ceux qu'il importe le plus de terminer pour arriver à une meilleure classification des prisonniers. Ainsi, depuis la restauration, 27,680,723 fr. 75 cent. ont été employés pour l'amélioration des maisons où sont renfermés les détenus.

La sollicitude du Gouvernement ne s'est pas bornée à leur procurer des logements plus spacieux et plus sains; des sommes considérables ont été aussi dépensées annuellement pour améliorer le régime intérieur. Suivant les règlements, les détenus reçoivent, par jour, dans les maisons d'arrêt, de justice et de correction, une livre et demie de pain et une soupe aux légumes. Dans beaucoup de villes ce régime a été amélioré par les soins des autorités locales et des commissions spéciales des prisons : on a substitué généralement aux vivres maigres des vivres gras deux ou trois fois par semaine.

A défaut d'allocations spéciales pour l'habillement des prisonniers, les préfets sont autorisés à vêtir les plus indigents, et à prélever cette dépense sur les fonds libres alloués au budget pour l'entretien des détenus dans les prisons départementales. On conçoit à quels abus entraînerait la condition imposée aux départements de vêtir indistinctement tous les individus entrant dans la maison d'arrêt ou de justice.

Le couchage des détenus, hors d'état de louer des lits, a été amélioré successivement dans beaucoup de prisons, par l'établissement de lits de camp garnis de matelas et de couvertures; quant à celles où cette amélioration, que l'administration encourage de tous ses efforts, n'a pas encore été effectuée, la paille livrée aux prisonniers est renouvelée soigneusement à des époques déterminées par les règlements, arrêtés sur la proposition des commissions de surveillance.

Les mutations fréquentes qui surviennent parmi les individus renfermés dans les maisons d'arrêt et de justice n'ont pas permis, jusqu'à présent, d'y établir des ateliers. Mais les commissions spéciales, aidées des personnes charitables, s'efforcent de remédier à cet inconvénient, en procurant aux détenus les moyens d'employer utilement leur temps à des ouvrages qui n'exigent pas un long apprentissage. Dans les maisons de correction dont la population est nombreuse, l'administration traite avec des fabricants : là, les prisonniers peuvent travailler journellement..........

Cependant, il faut le dire, les condamnés renfermés dans les maisons centrales sont mieux traités que les prévenus ou les accusés; et, au premier abord, on s'étonne que la condition de ceux que la justice a frappés soit meilleure que celle des détenus sur lesquels elle n'a pas encore prononcé. Cette différence tient, d'une part, à ce que les uns travaillent et ont besoin d'une nourriture plus substantielle; de l'autre, à ce que le produit de leur travail *obligé* permet, sans dépasser la limite des crédits ouverts, de les soumettre à moins de privations. Les premiers ne sont pas, en général, éloignés de leur famille; ils peuvent en recevoir des secours, et leur séjour dans les maisons d'arrêt et de justice n'est pas de longue durée. Enfin, l'administration des maisons centrales étant dirigée par le ministre de l'intérieur, une volonté unique accomplit, à l'égard des prisonniers qu'elles renferment, les vues paternelles du Roi, tout en réalisant les vœux philanthropiques de la société. Aussi, est-ce plus particulièrement dans les maisons centrales qu'on trouve la mesure des effets et des sacrifices faits, depuis quelques années, pour améliorer le sort des détenus.

Les condamnés reçoivent, chaque jour, une livre et demie de pain de ménage et deux onces de pain blanc pour la soupe. Cette soupe leur est distribuée chaude, tous les matins. Le soir, ils ont une portion de quatre décilitres de légumes. Une fois par semaine, ils mangent une soupe grasse le matin, et le soir un mélange de viande et de pommes de terre ou de légumes secs. Ils reçoivent aussi une portion de riz une fois par semaine.

L'hiver, ils sont vêtus, aux frais de l'administration, avec des étoffes de laine; l'été, leurs vêtements sont faits avec des étoffes de coton ou de toile. Des sabots leur sont distribués tous les trois mois. Les hommes reçoivent, pour l'hiver, des cravates, des guêtres et trois paires de chaussons; les femmes, des bas et des chaussons.

Les détenus couchent dans des dortoirs communs. Le coucher se compose, pour chacun, d'une petite couchette, avec un fond sanglé; d'un matelas de laine et de crin, du poids de douze livres; de draps de toile et d'une ou deux couvertures, suivant les saisons. Les draps de lit sont changés tous les mois, et les chemises une fois par semaine.

Les malades trouvent à l'infirmerie tous les soins et les secours dont ils peuvent avoir besoin. Une demi-livre de viande est affectée au bouillon de chaque malade; les médicaments sont, presque toujours, préparés dans la maison par un pharmacien choisi par l'administration.

Des ateliers sont ouverts aux détenus valides; ils profitent des deux tiers du produit de leur travail. La première moitié leur est payée tous les dimanches, et l'autre est mise en réserve pour leur être comptée le jour de leur sortie.

Tous les services des maisons centrales sont faits par des entrepreneurs, sous la surveillance d'agents placés sous l'autorité des préfets. C'est au système des entreprises, et surtout à une bonne organisation des travaux industriels, qu'il faut attribuer la diminution successive des dépenses ordinaires des maisons centrales. En 1827, chaque journée de détention n'a coûté au Trésor que 51 centimes 91 centièmes, les frais d'administration et d'entretien des bâtiments compris.

On voit dans les états qui servent à constater le mouvement de la population que, dans le cours d'une année, il est mort, dans seize maisons centrales, un condamné sur vingt-deux. La mortalité a été plus forte dans celles de Clairvaux, Limoges et Eysses, par l'effet des circonstances locales signalées à la dernière séance de la société royale, et dont l'administration s'est attachée à combattre l'influence. Ses efforts n'ont point été stériles : l'état sanitaire de ces maisons s'améliore journellement. Le terme moyen des décès, dans toutes les maisons centrales, est de un homme sur seize et de une femme sur vingt-six.

Cette différence entre les deux sexes démontre suffisamment qu'on doit chercher ailleurs que dans l'insalubrité de ces lieux de détention et dans le régime alimentaire les causes de la mortalité; car, pour les femmes, elle n'excède guères les proportions communes dans la population qui vit en liberté. La vie sédentaire influe sur la santé des hommes plus que sur celle des femmes, accoutumées à vivre sous le toit domestique. Il faut aussi tenir compte de l'influence qu'exercent sur la santé des individus des deux sexes les chagrins et les remords auxquels sont en proie des êtres flétris par la justice, qui s'éloignent pour longtemps des lieux qui les ont vu naître, et qui, en perdant leur liberté, sont privés des consolations que leur famille ou des amis auraient pu leur offrir.

Le travail, considéré dans ses rapports avec le régime sanitaire, a également fixé mon attention; il résulte des comptes que je me suis fait rendre que, pendant un an, sur une population moyenne de 17,500 individus, 14,800 ont été constamment occupés dans les ateliers, 1,400 ont vécu à l'infirmerie, 800 n'ont pas pu travailler à cause de leurs infirmités ou de leur vieillesse, enfin 140 ont été empêchés de se rendre aux ateliers par suite des punitions qu'ils ont encourues. De sorte que la proportion des condamnés inoccupés est habituellement de 1 sur 8.

Dans le même temps, le produit des travaux industriels s'est élevé à 1,455,000 francs. Cette somme, répartie entre 14,800 ouvriers, à raison de trois cents jours de travail dans l'année, fait ressortir le prix moyen de la journée à 33 centimes. Ce prix est peu élevé; mais les tarifs des maisons centrales sont, en général, inférieurs d'un cinquième au prix du commerce, afin d'indemniser les entrepreneurs de la fourniture des métiers, des ustensiles, de l'éclairage des ateliers, et des autres frais mis à leur charge. On doit donc évaluer à 41 centimes le produit moyen de la journée de travail d'un condamné. Il sera probablement difficile d'obtenir des résultats beaucoup plus satisfaisants, parce que les prisonniers sont peu disposés au travail, et que souvent ils sont peu propres au genre d'industrie auquel il est possible de les appliquer dans les maisons centrales.

Les travaux ayant produit 1,455,000 francs de main-d'œuvre, près de 500,000 francs ont été remis comptant aux ouvriers, par portions hebdomadaires. Mais l'imprévoyance ou les habitudes du désordre les conduisent à dépenser, dans un ou deux jours au plus, des ressources qui, sagement employées, amélioreraient leur existence dans tout le cours de la semaine. Cet inconvénient se reproduit à l'égard de la masse de réserve. C'est là surtout qu'on trouve un juste sujet d'affliction, en voyant tous les calculs de la prudence et de la bienfaisance s'évanouir devant l'obstination de l'inconduite et du désordre. Ce pécule, si lentement obtenu, cette ressource péniblement préparée pour le jour de besoin et de liberté, est souvent dissipée dans les débauches à côté de la maison centrale. Des dispositions vont être faites pour prévenir ce fol emploi d'une réserve précieuse. A l'avenir, on ne mettra à la disposition des condamnés libérés que la somme strictement nécessaire pour les frais de leur route, et les dépenses indispensables d'habillement. Le surplus leur sera compté au lieu de leur résidence. L'ordre public obtiendra, par l'effet de cette mesure, une double garantie; car, en mettant fin à des dépenses désordonnées, qui altèrent le moral des individus qui les font, l'administration s'assurera de leur exactitude à rentrer dans leurs foyers ou à se rendre au lieu qu'ils ont choisi pour leur résidence.

Au surplus, il ne faut pas se le dissimuler, l'expérience démontre que les masses de réserve n'offrent point aux condamnés libérés les ressources qu'on en attendait. 6,335 ont été libérés, du 1er novembre 1827 au 31 octobre 1828. Sur ce nombre, 5,885 avaient des masses de réserve, et ils ont reçu 441,792 fr. 35 centimes; ce qui ne donne, terme moyen, pour chacun, que 70 francs. La modicité de ce résultat ne doit pas toutefois faire négliger le système qui l'a produit. Si les fruits du travail n'ont d'importance que pour un petit nombre de détenus, il est pour tous une occupation nécessaire, comme il est pour l'administration le plus puissant moyen de police et en même temps d'économie qu'elle puisse mettre en usage. La loi veut que les prisonniers soient employés à des travaux utiles, afin de soulager la société d'une partie des dépenses qu'exige la répression des crimes et délits de quelques-uns de ses membres. L'introduction du travail dans les maisons centrales a eu en effet pour résultat de les doter de revenus désormais susceptibles d'un accroissement rapide, et qui forment, en quelque sorte, une caisse d'amortissement des dépenses des condamnés.

Aux termes de l'ordonnance royale du 8 septembre 1819, toutes les sommes disponibles sont placées en rentes sur l'État, au nom de ces établissements. 1,739,100 fr. ont reçu cet emploi jusqu'à ce jour et ont produit, dans la dernière année, un revenu de 96,066 fr. De telle sorte que l'accroissement rapide de ce capital, cumulé avec les intérêts annuels, doit affranchir un jour l'État des dépenses d'entretien des maisons centrales. Alors le pays n'aura plus à souffrir le double dommage résultant du crime ou du délit et des frais qu'entraîne leur répression.

L'administration des maisons centrales est confiée, sous l'autorité des préfets, à des employés dont les attributions consistent à suivre l'exécution des marchés passés avec des entrepreneurs, pour tous les services, et à faire exécuter les règlements de police. Le personnel de cette administration se compose, en général, d'hommes honorables et éclairés. Les condamnés en passant des mains de la justice dans celles de l'autorité administrative, seule chargée de la police des prisons pour peines, retrouvent une autorité à qui il est permis de compâtir au malheur. Toute espèce de châtiment corporel est interdit : les seules punitions autorisées par les réglements sont la salle de discipline et le cachot, pour un temps déterminé et gradué suivant la gravité des fautes commises. Il est tenu note sur un registre de toutes les punitions infligées par les directeurs. Ce registre est représenté aux magistrats de l'ordre administratif toutes les fois qu'un établissement est visité par eux.

Les entrepreneurs sont chargés de l'exploitation des ateliers; mais aucun genre d'industrie ne peut être introduit ou supprimé sans l'autorisation des préfets, et l'inspecteur de l'établissement intervient toujours pour le classement et le déclassement des ouvriers; les entrepreneurs n'en disposent pas à leur gré : trop d'inconvénients seraient attachés à cette faculté pour qu'il soit besoin de les faire ressortir.

Les prix de la main-d'œuvre sont réglés par les préfets, soit à dire d'experts, soit sur l'avis des chambres de commerce. Un employé de l'administration assiste à la réception des ouvrages confectionnés, et aucune réduction ne peut être opérée sur les prix convenus que de l'assentiment des directeurs, sur le rapport motivé des inspecteurs. Si l'entrepreneur ou les ouvriers se croient lésés, ils ont leur recours devant le préfet.

Les aumôniers visitent chaque jour les malades; les offices sont célébrés le dimanche dans les maisons centrales, et l'administration exige que la prière soit faite matin et soir dans les dortoirs, ainsi qu'avant et après les repas. Il faut aux pieux ecclésiastiques qui se vouent à cette laborieuse tâche bien du courage, de la patience et de la charité. Le vice et le crime sont incrédules et endurcis, et la parole consolatrice trouve souvent des cœurs peu disposés à l'entendre. Toutefois, quelques remords éveillés, quelques repentirs obtenus, dédommagent de tant d'efforts inutiles.

Tel est l'état actuel des maisons centrales . . . .

En comparant cet état de choses avec celui qu'il a remplacé, on voit que la carrière des améliorations parcourues depuis quelques années est immense, et cependant, je le dis avec franchise, nous sommes encore fort éloignés du but qu'il faut s'efforcer d'atteindre. La régénération morale des condamnés ne peut être tentée, avec espoir de succès, que lorsqu'il sera possible d'établir parmi eux, non-seulement les séparations prescrites par le Code pénal, mais encore celles que rendent nécessaires la connaissance des faits qui ont déterminé la condamnation, l'âge, le caractère et les dispositions de chaque individu.

La loi exige que les condamnés à la reclusion soient renfermés dans des maisons de force, et que les condamnés à des peines correctionnelles soient détenus dans une maison de correction. Les condamnés de ces deux classes sont encore confondus dans les maisons centrales, constituées tout à la fois maisons de force et maisons de correction, par l'ordonnance royale du 2 avril 1817, sous la condition expresse, à la vérité, que les correctionnels seraient tenus dans des locaux distincts et séparés. Cette condition n'a pu être encore remplie, et il n'existe réellement de séparation que dans les dortoirs. A l'époque où cette ordonnance a été rendue, ce qui importait le plus, c'était d'arriver promptement à débarrasser les maisons d'arrêt et de justice des condamnés correctionnellement et criminellement, qui y restaient confondus avec les prévenus et les accusés; et il suffit de rappeler que depuis on a affecté à l'amélioration des prisons une somme d'environ 28,000,000 fr., pour démontrer que les difficultés qu'on a eu à surmonter ne pouvaient être aplanies qu'avec le secours du temps. Malgré tant d'efforts et de sacrifices pécuniaires faits dans cette période de temps, 2,800 condamnés restent encore dans les maisons de justice et d'arrêt, à cause de l'insuffisance des maisons centrales. Comme le point de départ des améliorations est naturellement celui où viennent se réunir les prévenus et les accusés, rien n'était plus urgent que de séparer les condamnés des prisonniers non encore jugés; car c'est la confusion des individus qui altère le moral de ceux qui, plus tard, peuvent être reconnus innocents, ou qu'une première faute a laissés disposés au repentir. On a donc procédé avec ordre : on a fait ce que le temps et les circonstances ont permis d'accomplir, et ce que l'humanité réclamait.

Mais la tâche de l'administration est encore immense, puisqu'elle a à résoudre le problème de la régénération d'une classe d'hommes que la société a été obligée de rejeter de son sein. La confusion qu'elle doit prévenir dans les prisons pour peines s'opère, sans qu'on puisse l'éviter, dans les maisons d'arrêt et de justice, avant le jugement : là, il n'est pas en son pouvoir d'empêcher le contact entre des individus qui, n'étant pas jugés, échappent aux classifications indiquées par les lois, et c'est là aussi où le contact produit les effets les plus affligeants; lorsque des hommes arrivent entièrement corrompus dans les maisons centrales, il est bien difficile de les ramener à la vertu. Exposés à la curiosité publique durant le long trajet qu'ils ont eu à parcourir, confondus dans les maisons de dépôt, qu'il serait impossible de rendre assez spacieuses pour offrir les séparations convenables, les condamnés arrivent déjà flétris par une longue humiliation et par les vices qu'ils ont contractés pendant le voyage et dans leur captivité.

L'expérience semble démontrer qu'il eût été préférable de construire des maisons de correction dans tous les départements où la population des prisons est assez considérable pour permettre l'introduction du travail, et de réunir les condamnés correctionnels de deux ou trois départements, *au plus*, dans une maison commune, pour ceux dont le nombre des condamnés n'est pas assez élevé. Un autre système ayant prévalu en 1817, il ne s'agit plus aujourd'hui que de tirer le meilleur parti possible de ce qui existe et de rentrer dans les voies tracées par le Code pénal.

Pour affecter des quartiers séparés à chaque classe de condamnés, dans toutes les maisons centrales, il faudrait ajouter des dépenses considérables à des dépenses déjà énormes, et doubler les divers services communs aux deux classes Mais il sera possible, sans doute, de ne réunir, par la suite, qu'une seule classe de condamnés et peut-être qu'un seul sexe dans chaque maison . . . .

Mais ce n'est pas tout. Pour que le nouveau classement remplît, autant que possible, l'objet que s'est proposé le législateur en ordonnant la classification des détenus suivant la nature des peines, il faudrait encore affecter des maisons particulières aux condamnés en récidive. Alors aussi viendra le moment d'examiner s'il convient, sous le rapport de la justice et de la morale, d'appeler à jouir des mêmes avantages et des mêmes faveurs les femmes condamnées aux travaux forcés, les hommes condamnés pour crimes, et les individus des deux sexes condamnés correctionnellement. Peut-être l'administration ne devrait-elle pas confondre dans un même traitement ceux entre qui la loi a mis une si grande différence. . . . .

On ne rend peut-être pas une justice assez exacte à l'état de nos prisons. Le souvenir du passé agit encore sur le présent. Quand on a vu le mal, on en conserve longtemps l'impression; nous demandons que les préventions s'effacent.

On a souvent invoqué à notre préjudice la comparaison des pays étrangers. Si on veut faire cette comparaison avec équité, on sera forcé de convenir que la France a conçu son système de réforme sur un plan plus vaste et mieux entendu. Nos voisins ont construit à grand frais des prisons modèles pour un petit nombre de détenus; le *penitentiary* de Londres ne renferme que 900 prisonniers des deux sexes; les maisons pénitentiaires de Lausanne et de Genève, construites en 1824 et 1825, ont été disposées, l'une pour cent quatre individus, l'autre pour cinquante. Cependant les frais de construction de la première, suivant des notions qui paraissent exactes, se seraient élevés à plus de dix millions de francs, et, pour les deux autres, à près d'un million; ce qui donnerait un terme moyen de 13,575 fr. 50 cent. par individu renfermé dans ces prisons. Un pareil système de construction ne saurait nous être appliqué; car si l'on partait de cette base il faudrait dépenser, pour loger les 34,784 détenus existant dans nos prisons au 1er octobre dernier, une somme de 472,210,192 fr. ou une somme encore plus élevée, si on imitait ce qui a été fait à Genève pour un très-petit nombre de prisonniers. Aussi ces établissements de *luxe* sont-ils uniques, dans les pays où ils ont été construits, et on s'accorde à reconnaître que la masse des détenus est mieux traitée en France que dans les autres états de l'Europe, par cela même que notre système d'amélioration s'est étendu simultanément à toutes les prisons du royaume.

Extrait d'un Rapport fait à la société royale des prisons, le 29 janvier 1830. (M. de Montbel, ministre.)

Le sort des *condamnés renfermés dans les maisons centrales* a été aussi l'objet de nouvelles améliorations. La société royale ayant reçu, lors de sa dernière réunion, des communications très-détaillées sur le régime et la police de ces établissements, il suffira de présenter ici quelques rapprochements statistiques pour faire apprécier le bien opéré, depuis cette époque, par les soins de M. le vicomte de Martignac.

L'encombrement des prisons étant l'une de causes les plus actives de la mortalité, on s'attache à établir partout des dortoirs et des ateliers en rapport avec les besoins de la population : mais de grandes dépenses sont encore à faire; car, à mesure qu'on améliore les établissements, on est forcé, pour ne pas dépasser les crédits ouverts, de retarder les constructions projetées pour compléter le système des maisons centrales. Ainsi que nous l'avons déjà exprimé, 3,267 condamnés à un an et plus de détention subissent leur peine dans les prisons départementales, contrairement au vœu du législateur; mais la société royale reconnaîtra que le devoir le plus impérieux pour l'administration est d'obéir aux lois de l'humanité.

Si la première condition de la salubrité tient à l'étendue et à la distribution des locaux, la seconde est attachée à la prospérité des travaux industriels. Sous ce point de vue, l'administration des maisons centrales continue à offrir une situation fort satisfaisante; 1,180,000 fr. gagnés pendant une année (du 1er novembre 1828 au 31 octobre 1829) par la population ouvrière, qui a été de 15,000 individus des deux sexes, attestent l'importance de cette ressource pour les condamnés. Ce produit, comparé à celui de 1828, offre un accroissement de 25,000 fr. Sur cette somme, 506,000 fr. ont été remis comptant aux condamnés par portions hebdomadaires.

Les masses de réserve payées aux condamnés libérés depuis un an se sont élevées à 421,000 francs. C'est, comme l'année dernière, 70 fr. pour chacun, terme moyen. On a cherché à prévenir le mauvais emploi que faisaient les condamnés de cette réserve, lentement et péniblement amassée, par l'exécution des mesures annoncées à la société dans sa dernière séance. Les motifs de cette détermination suffiraient au besoin pour démontrer qu'en général les condamnés ne retirent aucune leçon morale de leur incarcération.

Le grand nombre des récidives est affligeant; ce nombre est de *deux* sur *onze* dans les maisons centrales; il s'élève même à *un* sur *quatre* parmi les détenus correctionnels. On voit par là que la nature de la peine encourue donne rarement la mesure de la dépravation d'un condamné. Aussi est-il reconnu aujourd'hui que d'autres classifications que celles prescrites par nos codes sont nécessaires dans nos maisons de détention. Ne nous le dissimulons point, nos prisons ne sont point un objet d'effroi : elles punissent sans corriger, et la question de la régénération des prisonniers est encore à résoudre parmi nous. Les nombreux essais tentés jusqu'à présent ont été peu fructueux. C'est aujourd'hui vers ce but que doivent tendre nos efforts. L'humanité réclamait d'abord ses droits Le régime matériel des maisons centrales a reçu les améliorations qu'il était possible d'y introduire, et on ne pourrait aller plus loin, sous ce rapport, sans blesser la morale publique.

Les jeunes détenus en vertu des articles 66 et 67 du Code pénal appellent plus particulièrement notre sollicitude. Leur séjour dans les maisons centrales, lors même qu'il est possible de leur assigner des quartiers séparés, est pour eux une flétrissure morale dont il importe de les préserver. Le régime des maisons centrales ne convient point à des enfants chez lesquels le vice et la corruption n'ont pas jeté de profondes racines, et qui ont été remis au pouvoir du Gouvernement, bien moins pour être punis que pour recevoir une éducation qui les détourne du crime. C'est donc de leur éducation qu'il faut spécialement s'occuper. . . . .

Une autre question, qui se lie à la régénération morale des condamnés, devra faire l'objet d'un sérieux examen. Le nombre de ceux qui, après avoir été punis une première fois, sont condamnés de nouveau à des peines souvent plus rigoureuses, est affligeant; leur présence dans les maisons centrales est un des plus grands obstacles à la réforme des habitudes vicieuses des hommes sur lesquels la main de la justice s'est appesantie. Plus coupables que ceux-ci, ils sont néanmoins confondus avec eux, et sont soumis au même traitement. L'équité semble exiger que *les condamnés en récidive* soient soumis à un régime plus sévère, et la société a droit de demander que l'autorité ne se laisse pas entraîner par les conseils d'une fausse philantrhopie à des mesures contraires à ses intérêts. Or, cet intérêt ne conseille-t-il pas les précautions tendant à prévenir les crimes par la crainte d'une captivté plus rigoureuse et des privations plus grandes imposées aux hommes dont la dépravation résiste aux arrêts de la justice?

Sans doute il reste encore beaucoup de bien à accomplir; mais il m'est permis de dire que celui qui a été opéré par le Gouvernememt du Roi depuis quelques années est digne du suffrage des amis de l'humanité. Des travaux immenses ont été entrepris et exécutés dans un laps de temps très-court, si on le compare aux dépenses qu'ils ont entraînées. C'était la première condition de la régénération morale des prisonniers : il fallait, avant tout, agrandir les prisons, les rendre salubres, créer des ateliers et préparer les moyens d'opérer des classifications utiles. . . . .

COMPTES DISTRIBUÉS AUX CHAMBRES.

(Extraits relatifs aux prisons.)

DÉPENSES DE L'EXERCICE 1831.

Compte rendu dans la session de 1832.

Le nombre moyen des condamnés destinés à subir leurs peines dans les maisons centrales a été, en 1830, de 20,494; il n'était, au 1er janvier 1824, que de 18,055 : l'augmentation, comparativement à ce dernier chiffre, est de 2,439. Dans leur état actuel, ces établissements présentent ensemble environ 18,000 places, dont 17,378 ont été habituellement occupées pendant l'année : il est resté, terme moyen, 3,116 condamnés dans les prisons départementales.

On reproche à nos maisons centrales, 1° que les détenus y sont trop bien traités; 2° qu'ils ne s'y corrigent pas.

En améliorant la nourriture des condamnés, l'administration n'a fait que céder à un sentiment d'humanité et à des plaintes qui s'élevaient de toutes parts sur la rigueur de leur sort; elle a cherché principalement à diminuer la mortalité, et elle a atteint ce but au moyen du régime gras accordé une fois par semaine.

Une ordonnance du 2 avril 1817 attribue aux détenus les deux tiers du produit de leur travail; savoir : un tiers qui est mis en réserve pour leur être payé au moment où ils rentrent dans la société, et un tiers qui leur est payé comptant. Cette dernière allocation est considérée comme un encouragement nécessaire.

Cette distribution des salaires est commune à tous les condamnés, quelle que soit la peine prononcée. Dans les premiers temps de l'ouverture des maisons centrales, on se hâta d'y transférer les condamnés qui encombraient les prisons ordinaires; et, comme les localités ne se prêtaient pas à une exacte séparation par classes, il y aurait eu d'extrêmes difficultés à leur appliquer des règles différentes. Cependant l'assimilation complète des détenus qui ont encouru des peines, ou correctionnelles, ou infamantes, est une irrégularité qui pourra disparaître quand les bâtiments des maisons centrales seront achevés.

En remarquant l'augmentation du nombre des infractions et de celui des récidives, on est disposé à conclure que les moyens de répression sont inefficaces, et que la tentation de commettre le délit est plus forte que la crainte du châtiment; mais la rigueur des peines ne prévient pas toujours les délits, et, pour en diminuer le nombre, il faut s'occuper surtout de la régénération morale des condamnés. On propose, comme exemples à suivre, les systèmes de détention adoptés récemment en Suisse, en Amérique et en Angleterre.

L'expérience faite en Suisse sur une petite échelle, pendant peu de temps et sous l'influence de circonstances particulières, n'est pas concluante.

En Amérique, la division du territoire en états distincts, et l'imperfection de la police générale, ne permettent pas de constater les récidives aussi exactement que chez nous, et d'apprécier exactement les effets du système de détention. Le travail étant infiniment plus demandé et mieux rétribué, on peut à la fois rendre le service des prisons moins coûteux, et procurer facilement, aux détenus libérés, des occupations qui les mettent à l'abri du besoin. Beaucoup de personnes se font un devoir politique ou religieux de s'occuper des condamnés pendant leur détention et après leur sortie; elles leur prodiguent non-seulement des conseils, mais aussi des secours. Enfin les coups de fouet que les gardiens administrent pour punir toute infraction à la discipline sont le moyen usité pour dompter les insoumis; mais la barbarie de ce moyen ne permet pas de l'employer en France : un si cruel traitement doit d'ailleurs exaspérer les détenus, bien plutôt qu'il ne peut améliorer leur moral.

On a fait, en Angleterre, beaucoup de dépenses et d'efforts pour améliorer les prisons sous les rapports matériels et moraux; mais l'espérance de diminuer le nombre des délits a été trompée. La progression a été plus rapide qu'en France, quoique l'Angleterre déporte annuellement un assez grand nombre d'individus des plus coupables et des plus dangereux, tandis que tous nos condamnés restent sur notre territoire.

En prenant pour point de départ l'année 1825, la progression comparative s'exprimera, pour les deux pays, par les nombres suivants :

ANNÉES.	FRANCE.	ANGLETERRE.
1825	1,000	1,000.
1827	1,153	1,241.
1829	1,189	1,293.

Ainsi l'augmentation a été, en quatre ans, de 189 par 1,000 chez nous, et de 293 par 1,000 chez nos voisins : d'où il suivrait que si le mérite des systèmes de détention devait se mesurer d'après cette donnée, le nôtre, qui est l'objet de tant de critiques, serait supérieur à celui de l'Angleterre, qu'on nous propose souvent pour modèle.

Depuis quinze ans, on a travaillé en France à améliorer constamment l'existence physique des condamnés, à leur épargner toute humiliation, toute souffrance qui n'est pas la conséquence inévitable de la détention; à mo-

16.

dérer les châtiments ou à en abréger la durée ; à réduire ou à remettre annuellement beaucoup de peines. Mais la vérité nous oblige à déclarer que ces adoucissements n'ont pas rendu les récidives moins fréquentes. Quels sont les moyens les plus efficaces de parvenir à l'amélioration morale des prisonniers? Cette recherche doit être l'objet constant de la sollicitude du Gouvernement. Du reste, l'augmentation du nombre des condamnations correctionnelles est attestée par le relevé qui suit :

Condamnés existant dans les prisons à l'époque du 1er janvier. (Les hommes condamnés aux travaux forcés non compris.)

ANNÉES.	CRIMINELS.	CORRECTIONNELS.	
1824	7,715	12,763	Y compris les condamnés à moins d'un an.
1825	7,512	13,289	
1826	7,370	14,364	
1827	7,265	15,930	
1828	7,025	15,883	
1829	6,719	16,855	
1830	6,728	17,271	

Ainsi une diminution de 987 condamnés criminels, en six ans, a été compensée par une augmentation de 4,508 condamnés correctionnels.

Au 1er juillet 1819, l'état de population des prisons donnait 9,521 criminels et 12,213 correctionnels; c'est 2,793 criminels de plus, et 5,058 correctionnels de moins qu'au 1er janvier 1830. On jugera par là combien, avec des éléments si variables, il serait difficile de maintenir un classement exact dans les prisons.

. . . .

. . . .

Les dépenses variables mises spécialement à la charge des départements sont l'objet des investigations annuelles des conseils généraux, et les observations à faire sur cette partie importante du budget trouvent mieux leur place dans l'analyse de leurs votes que le Gouvernement fait publier tous les ans. Cependant il est quelques considérations que l'on n'y trouverait pas, parce qu'elles portent sur l'ensemble de tous les départements. Le régime des prisons, le sort des enfants trouvés, méritent surtout une attention particulière.

La population moyenne de toutes les prisons a été, pour 1830, de	34,766
dont, dans les maisons centrales de force et de correction,	17,378
Reste pour les prisons départementales	17,388

La même situation, prise sur l'année 1817, donnait :

Population totale	38,450
Maisons centrales	6,886
Prisons départementales	31,564

Ainsi la diminution du nombre des détenus, et l'extension donnée aux bâtiments des maisons centrales, ont réduit la population des prisons départementales à moins de moitié de ce qu'elle était en 1817. C'était là une amélioration précieuse; mais toute importante qu'elle est, elle ne remédierait pas entièrement au mal dont les prisonniers avaient à souffrir.

La division territoriale effectuée au commencement de la révolution, et la nouvelle distribution des cours et tribunaux, le changement du système pénal, rendirent inutiles et insuffisantes les prisons de l'ancien régime, qui, d'ailleurs, étaient presque toutes dans l'état le plus affreux.

Les administrations locales trouvèrent, dans les maisons religieuses supprimées, de vastes locaux qui furent affectés à l'usage de prisons; mais qui, n'y ayant pas été destinés au temps de leur construction, ne remplissaient pas les conditions de sûreté ni de distribution, et dont une grande partie manquaient de solidité.

Avant qu'on eût remédié à ces inconvénients, le désordre des finances et la guerre absorbèrent les ressources de l'État. Le Gouvernement, qui était chargé alors des dépenses des prisons, consacra peu de fonds à l'amélioration des bâtiments, et, lorsqu'il les mit à la charge des départements, le délabrement, suite nécessaire d'un long abandon, se joignait aux vices originaires des plans.

En 1810, le Gouvernement exprima l'intention de réaliser, à l'égard des prisons, les vues d'humanité proclamées par l'assemblée constituante; il créa même un fonds de 11,000,000 fr. pour aider les départements dans cette vaste opération; mais ce secours fut détourné vers d'autres besoins, et les projets furent encore ajournés. Les conseils généraux ne purent, avec leurs propres ressources, faire que des efforts impuissants, qui furent tout à fait suspendus à l'époque où les réquisitions et les invasions épuisèrent toutes les caisses.

En 1814 et 1815, le Gouvernement fut chargé de pourvoir directement aux dépenses départementales, et ne put allouer, durant ces années de guerre et de calamités, que les sommes strictement nécessaires au service courant.

L'administration arriva enfin à l'année 1817, époque de misère et de disette, qui vit s'accroître le nombre des infractions et des prisonniers dans une proportion effrayante. Les cours d'assises, qui avaient condamné, en 1813, 5,343 coupables sur 8,042 accusés, en condamnèrent 9,431 sur 14,116 accusés, en 1817.

Les prisons encombrées présentaient le spectacle de la confusion des classes, des âges et même des sexes; le défaut d'air et d'espace engendrait des maladies contagieuses, et une mortalité qui excédait les proportions connues jusqu'alors. A ces maux se joignait la mauvaise qualité et quelquefois l'insuffisance des aliments.

On ne pouvait rester indifférent aux souffrances des prisonniers; mais on reconnut l'impossibilité de satisfaire aux vœux de l'humanité sans recourir à des moyens extraordinaires. Le ministre de l'intérieur l'avait déjà fait pressentir dans un rapport publié le 25 novembre 1818. Un autre rapport, du 21 décembre 1819, établit la nécessité d'un fonds de secours pour aider et encourager les départements à restaurer les prisons, de façon qu'elles remplissent leur destination.

Cette proposition, accueillie par les Chambres, donna lieu à l'allocation d'une subvention annuelle sur les fonds de l'État.

Le mouvement, une fois imprimé, se continua et produisit d'immenses améliorations dans les prisons ordinaires, tandis que l'extension donnée aux maisons centrales permit d'y faire passer successivement environ 10,000, et les plus dangereux, des individus qui, en 1817, encombraient les maisons d'arrêt.

Le ministre répandit d'autres bienfaits sur les détenus, qui reçurent une nourriture plus substantielle, des vêtements, des couvertures : ces améliorations se poursuivent.

Pour connaître la dépense moyenne annuelle des détenus dans les prisons départementales, tous frais de surveillance, entretien et transférement de condamnés compris, il faut déduire du nombre des détenus, qui a été de.. 17,388

Les enfants en correction paternelle, qui sont aux frais de leurs familles.............	60	
Les débiteurs poursuivis par des particuliers..................................	719	
Les correctionnels qui s'entretiennent à leurs frais..............................	300	
	1,079	1,079
Reste....................................		16,309

La dépense du chapitre II (budgets variables) est de............................	3,915,380f 00c
En y ajoutant l'indemnité payée pour les condamnés non admis dans les maisons centrales, faute de place, ci..	305,418 00
On a un total de..................................	4,220,798 00
qui, divisé par 16,309, donne par an et par détenu..................................	258 80

....

....

DÉPENSES DE L'EXERCICE 1832.

Compte rendu dans la session de 1833.

On a souvent élevé ces questions :

Quand les constructions des maisons centrales seront-elles achevées ?

Combien faudra-t-il dépenser pour atteindre ce but ?

Pour répondre, on aurait besoin de projets établis sur des éléments fixes; mais ici tout est variable.

Une maison nouvelle, qui était en construction à Rennes, et qui avait déjà coûté 1,200,000 francs, a été transportée au ministère de la guerre par une ordonnance du 27 décembre 1832, pour l'établissement d'un quartier d'artillerie. Il faudra remplacer ce bâtiment par un autre, qui puisse contenir environ douze cents condamnés, et dont les plans ne sont pas encore adoptés.

D'autres circonstances, indépendantes de la volonté de l'administration, compliquent le problème qu'il s'agit de résoudre.

Le tableau ci-après des condamnés existant dans les prisons au 1er janvier de chaque année, de 1820 à 1833, permet d'apprécier les changements survenus dans cette population, considérée en masse et dans ses divisions.

ÉTAT des individus destinés à subir leurs peines dans les maisons centrales de force et de correction, et dans les maisons de correction des départements.

Au 1er janvier des ANNÉES	APPARTENANT AUX MAISONS CENTRALES.						TOTAL pour LES MAISONS centrales.	CONDAMNÉS à L'EMPRISONNEMENT qui doivent rester dans les prisons des départements.	TOTAL des CONDAMNÉS dans les prisons.
	RECLUSION et déportation. — Hommes.	RECLUSION et travaux forcés. — Femmes.	EMPRISONNEMENT.		ENFANTS au-dessous de 16 ans.				
			Hommes.	Femmes.	Garçons.	Filles.			
1820	5,802	3,226	6,782	2,632	526	71	19,039	2,104	21,143
1821	5,766	3,200	6,673	2,492	421	73	18,625	2,730	21,355
1822	5,684	2,955	6,747	2,675	510	75	18,646	5,242	20,888
1823	5,291	2,772	6,868	2,584	583	108	18,206	2,469	20,675
1824	5,088	2,627	7,046	2,619	574	101	18,055	2,403	20,458
1825	4,929	2,583	7,336	2,838	634	96	18,416	2,385	20,801
1826	4,753	2,617	8,017	2,985	593	93	19,058	2,676	21,734
1827	4,698	2,567	8,618	3,263	723	91	19,960	2,835	22,795
1828	4,517	2,508	8,924	3,331	721	88	20,089	2,919	23,008
1829	4,288	2,431	9,723	3,374	768	102	20,686	2,888	23,574
1830	4,290	2,438	9,861	3,412	768	145	20,914	3,085	23,999
1831	4,216	2,347	9,446	3,125	770	113	20,017	3,325	23,342
1832	3,938	2,074	9,134	2,833	925	135	19,039	4,248	23,287
1833	3,872	2,166	8,761	2,770	933	125	18,627	4,576	23,203

En 1819 (1), le ministre de l'intérieur évaluait à vingt mille environ les places nécessaires pour enfermer dix-huit mille détenus, nombre auquel il présumait que se réduirait (ainsi que cela est arrivé en 1824) le total des condamnés destinés à subir leurs peines dans les maisons centrales.

Le nombre des places doit nécessairement excéder celui des prisonniers, et d'une quantité d'autant plus considérable, que les établissements sont plus multipliés et comportent plus de subdivisions. Les condamnations ne restent pas dans des proportions constantes, soit sous le rapport du nombre, soit sous celui de la gravité des peines. Quand les prisons du nord ou de l'est du royaume sont insuffisantes, l'excédant de la population qui leur est destinée ne peut s'écouler dans celles de l'ouest ou du sud, qui offriraient momentanément des places disponibles; l'effet inverse peut avoir lieu à une autre époque. Les vides que présentent les prisons de femmes ne sont pas une ressource pour la détention des hommes et réciproquement. Il en est de même des localités affectées aux enfants, où il n'est pas permis de placer les adultes; enfin, la séparation absolue des individus condamnés à l'emprisonnement, de ceux qui ont encouru une peine infamante, serait un embarras de plus.

(1) Rapport au Roi du 21 décembre.

Si le ministre avait achevé les maisons centrales sur les données connues en 1820, et confirmées par l'expérience des quatre années suivantes, il aurait établi :

Pour les hommes criminels	6,100	places.
Pour les femmes	3,500	
Pour les hommes en peine correctionnelle	7,000	
Pour les femmes	2,800	
Pour les garçons	600	
Pour les filles	100	
TOTAL	20,100	places.

Mais bientôt ces prévisions auraient été démenties par les faits.

Une loi du 6 juin 1830, fondée sur l'article 58 du Code, remettant en vigueur les principes suivis de 1810 à 1817, abrogea une disposition de l'ordonnance du 2 avril de cette année concernant la distribution des condamnés, et statua que les maisons centrales ne recevraient plus que ceux dont la peine excéderait un an, ce qui rejeta des maisons centrales sur les maisons de correction départementales, de 1,500 à 2,000 individus condamnés à un an d'emprisonnement.

Tout récemment le Code pénal a été modifié par la loi du 28 avril 1832, qui, en outre, a créé une peine nouvelle (la détention), dont l'exécution implique la formation d'établissements spéciaux.

La tendance de la législation est de modérer les peines sous le rapport de leur intensité et de leur durée; des actes fréquents de la clémence royale ont, depuis 1830, réduit le nombre des condamnés bien au-dessous de ce qu'il eût été, si les jugements avaient eu leur entier effet.

Toutes ces causes, qu'il était impossible de prévoir, et dont le temps seul permet de mesurer l'influence, ont produit des changemens notables dans la population des prisons.

Les maisons centrales, terminées d'après les bases connues en 1820, auraient offert :

1°	6,100	places d'hommes criminels.
Au 1er janvier 1833, il y avait	3,862	individus de cette classe.
Excédant	2,228	places.
2°	3,500	places de femmes criminelles.
Au 1er janvier 1833, il y en avait	2,166.	
Excédant	1,334.	

Les quartiers de correction auraient eu :

1°	7,000	places pour les hommes.
L'effectif a été de	9,861	au 1er janvier 1830.
Déficit	2,861.	
2°	2,800	places pour les femmes.
L'effectif était de	3,412	au 1er janvier 1830.
Déficit	612.	

Les maisons ou quartiers d'enfance auraient eu :

1°.	600	places pour les garçons.
L'effectif était de....................	933	au 1er janvier 1833.
Déficit............	333.	
2°.	100	places pour les filles.
L'effectif a été de....................	145	au 1er janvier 1830.
Déficit............	45.	

Dans un système de classification rigoureuse, on ne peut réunir les correctionnels avec les criminels, et encore moins les enfants avec les adultes. Ainsi, les 3,562 places disponibles dans les quartiers affectés aux peines infamantes ne seraient d'aucun secours pour l'admission des 4,000 individus des autres classes qui se trouvaient en excédant.

Encore faut-il remarquer que cette situation, prise sur la masse des condamnés, présenterait des différences plus notables si la comparaison s'établissait, pour chaque prison, entre le nombre le plus élevé des condamnés de son ressort et de chaque classe, et celui des places dont on pouvait disposer dans chaque quartier pour les recevoir.

De nouveaux besoins sont produits par des circonstances récentes. L'opinion répugne à ce que les personnes condamnées pour faits réputés politiques soient envoyées dans les prisons qu'indique la nature de la peine prononcée. On demande pour elles des établissements spéciaux, ou du moins des quartiers particuliers.

Un projet digne d'attention est d'affecter une ou deux maisons, où serait introduit un régime plus sévère, aux condamnés en récidive, qui sont regardés comme exerçant sur leur compagnons de captivité une inflence corruptrice et dangereuse.

On demande que, à l'imitation de quelques prisons construites dans d'autres états, nous remplacions par des cellules les dortoirs communs.

Toutes ces dispositions, en établissant des subdivisions plus nombreuses, créeraient de nouvelles difficultés et exigeraient de grandes dépenses.

Ajoutons que la population augmente; que les délits suivent une progression encore plus rapide; que l'on provoque sans cesse des mesures d'adoucissement et d'indulgence, dont le terme final serait une répression insuffisante; tandis qu'il est constaté que les récidives se multiplient en raison de l'affaiblissement des peines et des chances d'impunité.

Dans l'espoir que le travail deviendrait un moyen de réformation, on a construit de vastes ateliers et converti les principales prisons en fabriques. Plus récemment, on a compté sur l'influence de la religion; des chapelles ont été élevées, et l'exercice des devoirs de piété a été prescrit et encouragé. Aujourd'hui l'on paraît disposé à demander à un système d'instruction élémentaire, les résultats que la prière et le travail n'ont pas produits. Aux ateliers et aux chapelles il faudrait ajouter des écoles.

Pour que le terme de l'achèvement des maisons centrales pût être connu, il faudrait que la législation pénale fût fixée; que la nature des peines, le mode de leur exécution et le système de discipline des prisons fussent invariablement déterminés; que la population restât stationnaire, et que le nombre de condamnés se maintînt dans un rapport constant avec la population du pays.

Les dépenses faites en 1831 pour les maisons centrales se composent des éléments suivants :

1° Frais d'administration et de garde	8c 36
2° Service des entrepreneurs	47 55
3° Mobilier	0 04
4° Entretien des bâtiments	1 35
5° Dépenses accidentelles	0 30
	57 60
Ces frais ne se sont élevés en 1830, qu'à	52 24
AUGMENTATION	5 36

La différence sur les frais d'administration et de garde n'est qu'apparente. Les dépenses sont restées les mêmes; mais la population des maisons ayant été, en 1831, moins forte qu'en 1830, la somme répartie sur un moindre nombre de journées a donné un quotient de 8,36 au lieu de 7,90.

L'augmentation réelle de 5 centimes environ sur le prix de journée payé aux entrepreneurs provient :

1° Du renouvellement des marchés des maisons de Clairvaux, Poissy et Rennes. Les circonstances étant défavorables, surtout pour l'exploitation des ateliers, des concurrents ont demandé des prix plus élevés;

2° Des suppléments alloués, en vertu des marchés, à raison de la hausse du prix des grains;

3° Des indemnités accordées, d'après l'avis des conseils de préfecture, aux entrepreneurs qui se trouvaient en perte sur les travaux.

De ces trois causes de renchérissement, la première seule aura des effets durables.

. . . .

. . . .

DÉPENSES DE L'EXERCICE 1833.

Compte rendu dans la Session de 1834.

La population des maisons centrales est restée stationnaire en 1832; elle a été, comme l'année précédente, de 16,200 individus. Mais la journée de détention, qui était ressortie en 1831 à 57c 60
a coûté en 1832 . . . . . . 58 35

AUGMENTATION 0 75

Cette augmentation provient uniquement de l'amélioration temporaire du régime alimentaire, de précautions hygiéniques, à l'occasion du choléra, et de quelques indemnités qu'il y a eu lieu de payer, d'après les marchés, à raison du prix des céréales.

Il est à remarquer que le choléra n'a fait que très-peu de ravages dans les prisons, même au sein des villes qui ont eu le plus à souffrir de ce fléau.

On a vu, dans les comptes de 1831, que les frais d'administration et de garde des maisons centrales ressortaient à un peu plus de 8 centimes pour chaque journée de détenu. Le traitement moyen des employés du service administratif ne dépasse pas 1,500 francs; celui des préposés du service de sûreté est de 670 francs.

Le nombre des gardiens-chefs, premiers gardiens, gardiens ordinaires et portiers est de 395. Le tableau suivant fait connaître le nombre des employés du service administratif et l'importance de leurs traitements.

EMPLOI.	NOMBRE.	TRAITEMENTS.	
		MINIMUM.	MAXIMUM.
Directeurs	19	3,000f	4,000f
Inspecteurs	19	1,800	2,000
Agents-comptables	2	1,500	1,800
Greffiers et greffiers-comptables	18	1,200	1,500
Commis aux écritures	16	1,000	1,200
Aumôniers et pasteurs	23	600	1,500
Médecins	19	600	1,600
Chirurgiens	15	600	1,500
Pharmaciens	16	800	1,500
NOMBRE d'employés	147		

. . . .

. . . .

DÉPENSES DE L'EXERCICE 1834.

Compte rendu dans la Session de 1835.

On a continué de pourvoir de cellules solitaires de punition, avec ou sans travail, à volonté, une partie des maisons qui en manquaient encore, l'administration ayant éprouvé les avantages de ce moyen de répression.

Quant aux cellules pour le coucher des détenus, en remplacement des dortoirs communs, l'administration n'en a pas fait encore établir, parce qu'elle a voulu, avant tout, recueillir l'avis des directeurs des maisons centrales sur ce système, dont l'adoption exigerait la dépense de plusieurs millions. L'administration se propose de publier l'opinion de ces hommes spéciaux, non-seulement sur cette question, mais encore sur les effets du régime de nos prisons pour peines.

Il n'a pas encore été possible d'organiser des maisons ou des quartiers spéciaux pour les condamnés en récidive; mais l'administration n'a point perdu de vue cet objet important (voir les développements du compte de 1832), et un projet pour la création d'un pareil quartier, à Limoges, est en ce moment à l'étude.

Enfin, les premiers frais d'établissement de quartiers spéciaux pour les condamnés politiques dans les maisons du Mont-Saint-Michel, de Clairvaux et de Fontevrault, ont aussi absorbé une partie du crédit de 1833.

On peut du reste consulter, sur les causes générales qui rendent cette subvention nécessaire, les développements fournis à l'appui des comptes des exercices 1831 et 1832, ainsi que les rapports qui ont été successivement faits par les ministres de l'intérieur à l'ancienne société royale des prisons, notamment celui de M. de Martignac, du 16 janvier 1829.

On verra, dans ce dernier rapport, que, de 1815 à 1817, les dépenses d'établissement des maisons centrales s'étaient élevées à 10,500,000f

Depuis cette époque jusqu'à la fin de 1834 (7 ans), les dépenses sur les allocations annuelles ont été de 5,000,000

Ensemble 15,500,000

Antérieurement à 1815, il avait été dépensé fort peu de chose pour les maisons centrales, dont la création remonte seulement aux dernières années de l'empire.

En ce moment, elles peuvent recevoir commodément, sinon avec tous les services accessoires, et sauf l'agrandissement des ateliers et des dortoirs, environ 18,000 détenus. En se bornant à ce nombre (et les maisons centrales ont renfermé plus de 20,000 condamnés à plusieurs époques), on trouve que la dépense moyenne de chaque place a coûté au trésor 860 francs.

A la vérité, plusieurs anciens édifices appartenant à l'État ont reçu la destination de maison centrale; d'un autre côté, le département de l'intérieur a transporté à celui de la guerre, en 1832, l'ancien bâtiment du Colombier de Rennes, où plus de 1,200,000 francs avaient été employés pour y établir la nouvelle maison centrale.

Le même rapport fait connaître que les frais de construction de la maison le *Penitentiary* de Londres et les maisons pénitentiaires de Lausanne et de Genève, disposées, l'une pour recevoir 900 prisonniers des deux sexes, la seconde 104 individus, et la troisième 50, se sont élevées, suivant des notions qui paraissent exactes, savoir : pour le *Penitentiary*, à plus de 10 millions de francs, et, pour les deux autres maisons, à plus d'un million, ce qui donnerait un terme moyen de 13,575 francs 50 centimes par individu renfermé dans ces prisons.

Aussi ces établissements sont-ils uniques dans le pays où ils se trouvent, tandis que nos maisons centrales reçoivent tous les condamnés à plus d'un an du royaume.

Enfin, l'on voit dans le même rapport, que le département de la Seine a affecté 11 millions de ressources extraordinaires à l'amélioration de ses prisons, dont la population est de 4,000 individus.

De ces termes de comparaison, l'autorité administrative est sans doute autorisée à conclure deux choses, l'une, qu'une dépense moyenne de 860 francs par condamné n'a pu satisfaire à tous les besoins; l'autre, que cette dépense a dû être faite avec économie, pour amener nos prisons pour peines au point où elles se trouvent.

Que reste-t-il à faire pour en compléter l'organisation? On l'a déjà dit, il est presque impossible à l'administration de répondre d'une manière positive à cette question; cela dépend uniquement du sort que l'on voudra faire aux condamnés, du point où l'on voudra s'arrêter dans la voie des améliorations.

Nous devons seulement faire observer que chaque année, chaque tournée des inspecteurs généraux viennent révéler à l'administration de nouveaux besoins et la nécessité de nouvelles améliorations.

Parmi celles qui nous paraissent indispensables, nous nous bornerons à citer ici l'agrandissement des ateliers et des dortoirs.

Le travail, dans les maisons centrales, ne doit pas être considéré seulement comme un moyen d'ordre et de police, il doit tendre surtout à mettre les condamnés à même de gagner leur vie après leur sortie de prison, en leur faisant apprendre des états suffisamment lucratifs; et de tous les moyens tentés par l'administration pour l'amendement des condamnés, il n'en est peut-être pas sur lequel on puisse plus compter que celui là. C'est dans ce but que la plupart des arts industriels ont été introduits dans nos maisons centrales.

Il est à remarquer aussi que le développement de l'industrie exerce la plus grande influence sur les proportions de la mortalité. Pour ne citer que la maison de Melun, il a été constaté que, sur le nombre de condamnés entrés de 1810 à 1819, il en est mort 35 sur 100, tandis que le rapport n'a été que de 15 sur 100 pour les condamnés entrés depuis 1820 jusqu'à 1829.

Mais on comprend qu'à mesure que l'industrie prend de l'accroissement dans les prisons pour peines, il faut de plus vastes ateliers, et, partant, de nouvelles constructions.

Dans plusieurs maisons, et dans des vues d'économie, l'administration avait donné aux mêmes bâtiments la double destination de dortoirs et d'ateliers, mais quoiqu'il n'en résultât pas de graves inconvénients sous le rapport de l'ordre, il a fallu renoncer à ce système parce qu'il altérait la santé des détenus, tant pour le mode de coucher, qui consistait en galiotes sans pieds qu'on relevait pendant le jour, que pour les mauvaises odeurs, qui, s'exhalant de la plupart des matières mises en fabrication, ajoutaient ainsi à l'insalubrité ordinaire de tout lieu où couchent à la fois un grand nombre d'individus.

Non-seulement il a fallu faire disparaître les ateliers des dortoirs, mais on a reconnu la nécessité, pour diminuer la mortalité dans quelques maisons, et aussi pour rendre moins faciles les relations vicieuses entre les détenus de l'un et de l'autre sexe, de supprimer les lits à deux places, et de laisser plus d'espace entre chaque nouveau lit.

Aux lits galiotes, qui rendent la vermine presque impossible à détruire, on s'occupe aussi de substituer des lits en fer pareils à ceux des soldats; ces lits, un peu plus larges que les galiotes, demandent par conséquent une plus grande étendue de bâtiments. . . . .

DÉPENSES DE L'EXERCICE 1835.

Compte rendu de l'exercice 1836.

La population des maisons centrales a diminué dans la même proportion que l'année précédente. Elle avait été de près de 16,000 individus en 1833; elle ne s'est élevée qu'à 15,768 en 1834.

La journée de détention, qui était ressortie en 1833 à	56c 72
n'a coûté, en 1834, que	56 70
DIMINUTION	0 02

Les dépenses des années précédentes se ressentaient encore de la crise commerciale qui suivit les événements de 1830, durant laquelle plusieurs marchés avaient été renouvelés; diverses dispositions de ces marchés, qui n'avaient été stipulées que pour un temps déterminé, ont cessé d'avoir leur effet en 1834. C'est à cette circonstance qu'on doit attribuer la diminution des frais de nourriture et d'entretien des détenus en général, diminution qui eût été bien plus sensible si, d'un autre côté, le régime exceptionnel des condamnés politiques n'eût augmenté les dépenses spéciales à trois maisons centrales.

Les frais d'administration et de garde se sont élevés, pour chaque individu, à	9f 16
En 1833, ils n'avaient été que de	8 68
AUGMENTATION	0 48

Cette augmentation provient principalement de ce que le nombre des gardiens a été accru, notamment dans les maisons où il a été établi des quartiers spéciaux pour les condamnés politiques, et même dans quelques autres maisons, par suite, ainsi qu'il a été expliqué l'année dernière, de l'extension donnée aux bâtiments pour l'amélioration des divers services..............................

Extrait du Règlement d'attributions pour les employés de l'administration des maisons centrales de force et de correction. (5 octobre 1831, M. le comte d'Argout, ministre du commerce et des travaux publics.)

ATTRIBUTIONS DU DIRECTEUR.

L'action du directeur, comme chef de l'établissement, s'étend à toutes les parties du service.

Il est, en outre, spécialement chargé de la correspondance, de l'exécution des règlements de la maison, et de la police générale.

Le directeur se concerte avec le commandant de la troupe chargée de la garde extérieure, pour déterminer la force des postes, le nombre et le placement des factionnaires, ainsi que les consignes.

En cas d'incendie, d'émeute ou de complot, il requiert un supplément de garde, soit pour renforcer les postes extérieurs, soit pour assister les gardiens dans l'intérieur.

Il informe, au besoin, le maire de l'état des choses, et invite ce magistrat à requérir, soit la garde nationale, soit la gendarmerie.

En cas d'évasion de détenus, de tentatives d'évasion avec bris de prison, et de violences qui peuvent donner lieu à des poursuites, il dresse procès-verval des faits, et en informe sur-le-champ l'autorité judiciaire.

Tous les agents de l'entreprise doivent être agréés par le directeur. Il ne peut toutefois, après les avoir agréés, leur interdire l'entrée de la maison qu'en vertu d'une décision formelle du préfet, sauf le cas où leur expulsion immédiate serait jugée nécessaire dans l'intérêt de l'ordre et de la sûreté de la maison.

Il nomme les employés *détenus* sur la proposition de l'entrepreneur et l'avis de l'inspecteur, et il prononce leur révocation. Les infirmiers pris parmi les détenus sont également nommés par le directeur, qui, dans ce cas, prend l'avis du médecin ou du chirurgien, suivant le service auquel il s'agit de pourvoir.

Aucun détenu ne peut être visité par ses parents ou amis sans une permission du directeur, qui délivre seul également les permissions de visiter la maison.

Il prononce, sur le rapport de qui de droit, les punitions de discipline des détenus, conformément aux règlements. Il peut seul faire cesser ces punitions, sur le rapport de l'inspecteur.

Le directeur approuve, modifie ou rejette les propositions de l'inspecteur, du greffier, des médecins et du pharmacien, sur les services dont ils ont la surveillance immédiate, d'après le cahier des charges et les règlements.

Le directeur donne son avis au préfet sur les projets de travaux de construction et d'entretien des bâtiments. Il fait exécuter d'urgence, sous sa responsabilité, les menus travaux de sûreté dont l'ajournement pourrait faciliter les évasions.

A chaque renouvellement de marché, le directeur présente ses observations sur les améliorations dont le cahier des charges lui paraît susceptible.

Le directeur est aussi chargé :

1° De la vérification des caisses de la maison, des registres d'écrou et tous autres registres;

2° De l'examen de la correspondance des détenus, à l'arrivée et au départ;

3° De la réception des déclarations de résidence, et de la mise en liberté des condamnés;

4° De la direction du service des gardiens par l'intermédiaire du gardien-chef, et de l'exécution du règlement du 30 avril 1822, sur le service de ces préposés.

Tous les employés de l'établissement sont subordonnés au directeur. Ils sont tenus de se conformer à ses instructions pour l'ordre du travail qui leur est spécialement confié, et de l'assister, même en dehors de leurs attributions ordinaires, lorsqu'il réclame leur concours pour des écritures ou opérations relatives au service.

Aucun employé ne peut s'absenter de l'établissement sans autorisation du directeur. Les absences de plus de vingt-quatre heures sont autorisées par le préfet, et celles de plus de dix jours par le ministre.

Il se conforme à l'ordonnance du 8 septembre 1819 pour le placement, en rentes sur l'État, des fonds de masses sans emploi prochain; à l'instruction ministérielle du 8 juillet 1829, pour le payement des masses de réserve au domicile des libérés.

Toute décision du directeur peut être déférée au préfet, qui statue définitivement. Toutefois, dans les cas urgents, ses décisions sont exécutoires, sous sa responsabilité, nonobstant le recours au préfet.

ATTRIBUTIONS DE L'INSPECTEUR.

L'inspecteur remplace le directeur absent.

En cas d'absence momentanée, il exerce les pouvoirs du directeur pour tous les objets urgents.

L'inspecteur est spécialement chargé, sauf l'intervention du directeur, qui statue en cas de contestation, sans préjudice de la surveillance directe qu'il a le droit d'exercer, savoir :

1° De l'examen et de la réception du pain, du vin, de la viande, et généralement de tous les vivres composant le régime des valides, et de tous ceux dont la vente est autorisée à la cantine par le préfet;

2° De la réception du pain, du vin, de la viande *crue,* du beurre, et des autres aliments du régime des infirmeries; la réception des aliments *cuits* destinés aux malades rentrant dans les attributions du pharmacien, lorsqu'il existe un pharmacien interne.

Il remet chaque jour au directeur un bulletin certifié, constatant ces diverses vérifications et leur résultat.

3° De la police des ateliers et des dortoirs; du classement des ouvriers dans les ateliers, de concert avec l'entrepreneur; de l'exécution et de l'application des tarifs de main-d'œuvre arrêtés par le préfet.

L'inspecteur vérifie chaque jour, dans les ateliers, si les ouvriers sont occupés. A cet effet, il tient un journal dans lequel est indiqué, jour par jour, le nombre d'ouvriers employés dans chaque atelier. Ce journal est communiqué tous les soirs au directeur, qui le vise. Il prend note des détenus qui sont oisifs par la faute de l'entrepreneur, et propose, s'il y a lieu, des indemnités de chômage dont le directeur fixe la quotité, conformément au cahier des charges, aux décisions supérieures ou aux tarifs.

L'inspecteur veille spécialement à ce que les condamnés ne trafiquent pas entre eux de leur ouvrage. — Il reçoit les réclamations relatives aux travaux industriels. — Il statue, sauf l'approbation du directeur, sur les réductions de prix de main-d'œuvre demandées par l'entrepreneur pour mal-façon, soustraction ou dégradation de matières premières, métiers, outils et ouvrages confectionnés. A cet effet, il assiste à toutes les réceptions d'ouvrages.

Il vérifie, tous les quinze jours au moins, si les livrets des ouvriers sont en règle et à jour. — Il dirige la rédaction des feuilles hebdomadaires de travail et de payement que l'entrepreneur est tenu de fournir.

Il assiste aux payes hebdomadaires, qui doivent, autant que possible, être faites le dimanche, dans la matinée.

Il remet à l'employé chargé de la comptabilité, après les avoir signées et arrêtées, les feuilles de payement, pour servir à l'inscription sur le registre des masses, au compte de chaque travailleur, de la portion mise en réserve. Ces feuilles, qui doivent aussi être signées par l'entrepreneur et visées par le directeur, sont déposées au greffe.

L'inspecteur procède également à la réception des vêtements des détenus, du linge pour les dortoirs et les infirmeries, ainsi que des couchettes, matelas, paillasses, couvertures, et généralement de tous les objets à l'usage des condamnés. Il veille à ce que ces objets soient entretenus, blanchis et renouvelés de la manière prescrite par le marché. — Il provoque auprès du directeur la réforme de ceux de ces objets dont l'état de dégradation ou de vétusté exige la suppression.

L'inspecteur s'assure, de plus, tous les trois mois, si les quantités de ces objets prescrites par le cahier des charges existent, soit en service, soit en magasin. En cas de déficit, il le constate par procès-verbal.

Il fait la même vérification, tous les mois, pour les denrées alimentaires dont l'entrepreneur est tenu de s'approvisionner.

L'inspecteur est spécialement chargé de la police des cachots, des cellules solitaires et des chambres de discipline : il les visite tous les jours.

Il veille à ce que le service de propreté se fasse exactement dans toutes les parties de la maison.

L'inspecteur, dans ses tournées, donne aux gardiens, aux préposés de l'entreprise, et aux détenus, tous les ordres qu'il juge nécessaires, et prononce, s'il y a lieu, les punitions de discipline, sauf son rapport immédiat au directeur, qui approuve, révoque, ou modifie les ordres de l'inspecteur.

Avant de prendre aucune décision, le directeur provoque les rapports ou avis de l'inspecteur, dans tous les cas où l'intervention de celui-ci est prescrite, soit par les règlements, soit par le cahier des charges.

Extrait du cahier des charges pour l'entreprise générale du service des maisons centrales de force et de correction.

NOURRITURE DES DÉTENUS EN SANTÉ.

ART. 3.

Pain. — Le pain sera composé de farine de froment pur, bonne qualité, blutée à un dixième d'extraction de son.

L'instruction ci-annexée sur les qualités du blé, des farines et du pain sera obligatoire pour l'entrepreneur dans toutes ses dispositions.

ART. 4.

La ration entière de pain pour chaque homme sera de 75 décagrammes [une livre et demie], et pour chaque femme 70 décagrammes, après vingt-quatre heures de cuisson. Chaque ration se composera d'un pain manutentionné séparément, sans aucune tolérance de poids. La vérification du pain se fera journellement, vingt-quatre heures après qu'il aura été relevé du four, sur vingt-cinq pains pris au hasard et mis ensemble sur les balances.

L'emploi du sel pour la manutention du pain est facultatif pour l'adjudicataire.

ART. 5.

Soupe, viande et légumes. — Le surplus du service alimentaire des détenus valides se divisera, pour chaque semaine, ainsi qu'il suit, savoir :

1° Les mardi et vendredi, chaque détenu recevra une ration d'un litre de soupe, composée dans les proportions ci-après, pour cent individus :

30 kilogrammes de pommes de terre de bonne qualité et bien épluchées;

1 décalitre de carottes ou de navets bien épluchés et coupés en rouelles, ou d'autres légumes en proportion, tels que pois, fèves ou haricots frais, suivant la saison;

1 kilogramme d'oseille cuite dont l'eau aura été exprimée;

1 kilogramme de pois, de lentilles ou de haricots, réduits en purée, ou pareille quantité de gruau d'orge;

10 kilogrammes de pain blanc de pur froment et bien rassis;

1 kilogramme de sel, } et plus si l'administration le juge nécessaire;
10 grammes de poivre, }

1 kilogramme et demi de beurre, ou 1 kilogramme un quart de graisse de porc fondue et bien épurée.

Dans la saison où les pommes de terre germeront, les 30 kilogrammes qui entrent dans la composition de cent rations de soupe seront remplacés par 9 kilogrammes de pois, de lentilles ou de haricots secs, ou par 16 kilogrammes des mêmes légumes verts. L'emploi de ces légumes sera varié autant que possible.

Pendant tout le temps que les légumes secs remplaceront les pommes de terre dans la composition de la soupe, on fera entrer 2 kilogrammes d'oseille cuite dans cent rations d'un litre.

Il y aura deux distributions par jour : l'une pour le déjeûner et l'autre pour le dîner. Chaque distribution sera composée d'une demi-ration de soupe.

2° Les lundi, mercredi et samedi, il sera mis dans la marmite, pour cent individus, 20 litres de légumes secs, tels que pois, lentilles ou haricots; et 5 kilogrammes de légumes frais, tels que carottes, choux, poireaux, navets, etc., ou bien 1 kilogramme d'oseille cuite, lorsque les légumes verts viendront à manquer; 1 kilogamme et demi d ebeurre, le sel et le poivre necessaires à l'assaisonnement. Les légumes seront mesurés après l'épluchement.

Au déjeûner, chaque détenu recevra une ration de soupe composée de 5 décilitres de bouillon provenant de la cuisson des légumes ci-dessus, et de 75 grammes de pain blanc rassis pour les hommes, et 60 grammes seulement pour les femmes.

Au dîner, chaque individu recevra une pitance de ces légumes cuits.

Si, à raison de leur qualité, les 20 litres de légumes crus, par cent individus, ne produisaient pas, après cuisson, de quoi donner 4 décilitres à chaque détenu, l'entrepreneur augmenterait la quantité à mettre dans la marmite.

3° Le dimanche, il sera mis dans la marmite, pour la composition de la soupe à distribuer au déjeûner, pour cent individus:

3 litres de légumes secs,

1 litre de carottes bien épluchées et coupées en rouelles, ou d'autres légumes frais en proportion, tels que poireaux, navets, épinards, oseille, etc.;

750 grammes de beurre, le sel et le poivre nécessaires à l'assaisonnement, et une quantité d'eau telle que chaque détenu puisse avoir 5 décilitres de bouillon pour sa soupe.

Chaque ration de soupe, pour le déjeûner, sera de 5 décilitres du bouillon ci-dessus, de 75 grammes de pain blanc rassis, pour les hommes, et de 60 grammes seulement pour les femmes. On ajoutera aux soupes les légumes cuits dans le bouillon.

Au dîner, chaque détenu recevra une pitance de quatre décilitres de riz. Il sera fourni à cet effet, pour cent individus, 6 kilogrammes et demi de riz, épluché et pesé avant cuisson;

750 grammes de beurre;

Le sel et le poivre nécessaires.

4° Le jeudi de chaque semaine, les quatre grandes fêtes de l'année et le jour de la fête du Roi, il sera fait un service en gras, consistant, le matin, pour chaque individu, en une ration de soupe, dans laquelle il entrera cinq décilitres de bouillon gras, provenant de la cuisson de 15 kilogrammes de viande de bœuf pour cent individus, avec 7 kilogrammes 1/2 de pain blanc rassis pour 100 hommes, et 6 kilogrammes pour 100 femmes.

On ajoutera des légumes frais, tels que choux, poireaux, oignons, carottes, navets, etc., pour l'assaisonnement, ainsi que le sel et le poivre nécessaires, dans les proportions déterminées pour la soupe du dimanche.

Il sera mis en réserve une quantité de bouillon suffisante pour le service du soir. Ce service se composera de la viande qui aura servi à faire la soupe du matin, coupée par petits morceaux, et à laquelle on ajoutera 25 litres de pommes de terre épluchées pour cent individus, le sel et le poivre nécessaires. Ces aliments devront être cuits dans le bouillon mis en réserve, de manière à former pour chaque individu une ration de quatre décilitres.

Dans la saison où les pommes de terre ne pourront être employées, elles seront remplacées par quinze litres de légumes secs au choix de l'administration, pour cent condamnés.

L'administration pourra, si elle le juge nécessaire ou plus avantageux, changer l'ordre des distributions établi au présent article, en se concertant d'avance avec l'entrepreneur. En cas d'insuffisance ou de manque total dans le pays des objets désignés comme assaisonnements, le directeur pourra, sur la demande des entrepreneurs, et après avoir pris l'avis des médecins de la maison, autoriser la mise à la marmite d'autres assaisonnements en substitution de ceux qui ne pourront être fournis.

Les légumes secs seront toujours pris dans les produits de la dernière récolte qui a précédé immédiatement l'époque de l'entrée en magasin. Ils seront nets et sans mélanges de grains étrangers à leur espèce.

Ils ne seront admis dans les magasins de l'entreprise qu'après une épreuve qui assure qu'ils sont susceptibles d'une bonne cuisson.

ART. 11.

Pain. — Le pain des malades, ainsi que le pain de soupe pour les valides, sera composé de farine de pur froment, bonne qualité, blutée à vingt-deux pour cent d'extraction; il aura toujours vingt-quatre heures de cuisson avant la distribution. L'inspecteur rejettera celui qui se trouvera trop peu cuit, lourd ou brûlé; et, en cas qu'il soit de mauvaise qualité et mêlé de seigle ou de tout autre grain, il remplira les formalités énoncées en l'article précédent.

DÉSIGNATION DES EFFETS D'HABILLEMENT ET DE LINGE DE CORPS.

ART. 23.

Le vêtement se composera, savoir :

Pour les hommes,

De trois chemises ;

Deux bonnets de toile ou serre-têtes ;

Une casquette en feutre gris ;

Deux tabliers de travail en toile, en treillis, ou en peau ;

Deux cravates de couleur ou deux cols en serge, au choix de l'administration ; les cravates seront blanchies tous les quinze jours ;

Des bretelles en lisière de drap ;

Et en outre,

En été,

Une veste ronde, un gilet sans manches et un pantalon en droguet, fil et coton, de couleur foncée, avec collet et parements d'une couleur tranchante.

Une paire de chaussons de même étoffe avec doubles semelles ;

En hiver,

Une veste ronde en droguet gris ou brun, de fil et laine, doublée en toile, avec un collet et des parements d'une couleur tranchante : cette veste sera à deux rangs de boutons, croisera sur la poitrine et devra avoir une poche intérieure, ainsi que la veste d'été ;

Un gilet sans manches de même étoffe, les devants doublés en toile ;

Un pantalon aussi en droguet, en étoffe grise ou brune, doublé en toile jusqu'au défaut du mollet ;

Une paire de demi-guêtres (doublées en toile) et deux paires de chaussons en droguet, fil et laine, avec doubles semelles en même étoffe ;

Pour les femmes,

Trois chemises ;

Deux fichus en toile ou en coton de couleur pour le cou ;

Deux cornettes en toile pour la nuit et deux fichus de couleur pour coiffure de jour ;

Deux *dito* en toile ou coton, piquées, pour l'hiver ;

Trois linges de propreté en vieux linge ;

Deux tabliers de travail en toile ou treillis ;

Les mouchoirs de tête et de cou pour les femmes seront blanchis tous les huit jours ;

Et en outre,

En été,

Un corset en toile ;

Une camisole et un jupon en droguet, fil et coton ;

Une jupe de dessous en toile commune ;

Une paire de bas de coton ;

Une paire de chaussons en droguet d'été, avec doubles semelles ;

En hiver,

Une camisole à manches en droguet, fil et laine, doublée en toile, et un jupon de la même étoffe;
Un jupon de dessous en droguet fil et coton;
Un corset sans manches, en toile d'étoupe de chanvre ou de lin;
Deux paires de chaussons en droguet fil et laine, avec doubles semelles, et une paire de bas de laine.

ART. 24.

L'entrepreneur fournira à chaque condamné une paire de sabots tous les trois mois.

Si, par la nature de leurs infirmités, des détenus ne pouvaient faire usage de sabots, il leur fournira la chaussure nécessaire, sur l'avis des officiers de santé et la demande du directeur.

COUCHER DES VALIDES.

ART. 26.

Le coucher des détenus valides, dans les dortoirs ou dans les cellules, se composera, pour chacun,

D'une couchette en fer, de 70 centimètres de large sur 2 mètres de long (hors œuvre), peinte à l'huile, avec fond sanglé;

D'un matelas de 4 kilogrammes de laine et de deux kilogrammes de crin;

De deux paires de draps;

D'une couverture de laine, et d'une deuxième en droguet de fil et coton, qui sera retirée et déposée au magasin pendant la mise en service du vêtement d'été.

Les couvertures en laine devront avoir 2 mètres 25 à 30 centimètres de long (7 pieds environ) sur 1 mètre 15 à 20 centimètres de large (3 pieds 8 pouces environ), et peser de deux kilogrammes à 2 kilogrammes et demi.

TABLE.

www.ingramcontent.com/pod-product-compliance
Ingram Content Group UK Ltd.
Pitfield, Milton Keynes, MK11 3LW, UK
UKHW021154260726
13994UKWH00001B/449